中国非洲研究院文库·中国脱贫攻坚调研报告

主 编 蔡 昉

智库中社

2020 National Think Tank

国家智库报告

中国脱贫攻坚调研报告

——临沧篇

RESEARCH REPORTS ON THE ELIMINATION OF POVERTY IN CHINA

—LINCANG CITY, YUNNAN PROVINCE

余炳武 李官 杨宝荣 著

中国社会科学出版社

图书在版编目（CIP）数据

中国脱贫攻坚调研报告. 临沧篇/余炳武等著. —北京：中国社会科学出版社，2020.5

（国家智库报告）

ISBN 978 - 7 - 5203 - 6769 - 1

Ⅰ.①中…　Ⅱ.①余…　Ⅲ.①扶贫—调查报告—临沧　Ⅳ.①F126

中国版本图书馆 CIP 数据核字（2020）第 115876 号

出 版 人	赵剑英
项目统筹	王 茵
责任编辑	李海莹　王丽媛
责任校对	郝阳洋
责任印制	李寡寡

出　　　版	中国社会科学出版社
社　　　址	北京鼓楼西大街甲 158 号
邮　　　编	100720
网　　　址	http://www.csspw.cn
发 行 部	010 - 84083685
门 市 部	010 - 84029450
经　　　销	新华书店及其他书店

印刷装订	北京君升印刷有限公司
版　　　次	2020 年 5 月第 1 版
印　　　次	2020 年 5 月第 1 次印刷

开　　　本	787×1092　1/16
印　　　张	11.25
插　　　页	2
字　　　数	110 千字
定　　　价	68.00 元

充分发挥智库作用
助力中非友好合作

——"中国非洲研究院文库"总序

当今世界正面临百年未有之大变局。世界多极化、经济全球化、社会信息化、文化多样化深入发展，和平、发展、合作、共赢成为人类社会共同的诉求，构建人类命运共同体成为各国人民共同的愿望。与此同时，大国博弈激烈，地区冲突不断，恐怖主义难除，发展失衡严重，气候变化凸显，单边主义和贸易保护主义抬头，人类面临许多共同挑战。中国是世界上最大的发展中国家，是人类和平与发展事业的建设者、贡献者和维护者。2017 年 10 月中共十九大胜利召开，引领中国发展踏上新的伟大征程。在习近平新时代中国特色社会主义思想指引下，中国人民正在为实现"两个一百年"奋斗目标和中华民族伟大复兴的"中国梦"而奋发努力，同时继续努力为人类作出新的更大的贡献。非洲是发展中国家最集中的大陆，是维护世界和平、促进全球发展的重要力量之一。近年来，非洲在自主可持续发展、联合自强道路上取得了可喜进展，从西方眼中"没有希望的大陆"变成了"充满希望的大陆"，成为"奔跑的雄狮"。非洲各国正在积极探索适合自身国情的发展道路，非洲人民正在为实现《2063年议程》与和平繁荣的"非洲梦"而努力奋斗。

中国与非洲传统友谊源远流长，中非历来是命运共同体。中国高度重视发展中非关系，2013年3月习近平担任国家主席后首次出访就选择了非洲；2018年7月习近平连任国家主席后首次出访仍然选择了非洲；6年间，习近平主席先后4次踏上非洲大陆，访问坦桑尼亚、南非、塞内加尔等8国，向世界表明中国对中非传统友谊倍加珍惜，对非洲和中非关系高度重视。2018年中非合作论坛北京峰会成功召开。习近平主席在此次峰会上，揭示了中非团结合作的本质特征，指明了中非关系发展的前进方向，规划了中非共同发展的具体路径，极大完善并创新了中国对非政策的理论框架和思想体系，这成为习近平新时代中国特色社会主义外交思想的重要理论创新成果，为未来中非关系的发展提供了强大政治遵循和行动指南。这次峰会是中非关系发展史上又一次具有里程碑意义的盛会。

随着中非合作蓬勃发展，国际社会对中非关系的关注度不断提高，出于对中国在非洲影响力不断上升的担忧，西方国家不时泛起一些肆意抹黑、诋毁中非关系的奇谈怪论，诸如"新殖民主义论""资源争夺论""债务陷阱论"等，给中非关系发展带来一定程度的干扰。在此背景下，学术界加强对非洲和中非关系的研究，及时推出相关研究成果，提升国际话语权，展示中非务实合作的丰硕成果，客观积极地反映中非关系良好发展，向世界发出中国声音，显得日益紧迫和重要。

中国社会科学院以习近平新时代中国特色社会主义思想为指导，努力建设马克思主义理论阵地，发挥为党的国家决策服务的思想库作用，努力为构建中国特色哲学社会科学学科体系、学术体系、话语体系作出新的更大贡献，不断增强我国哲学社会科学的国际影响力。中国社会科学院西亚非洲研究所是当年根据毛泽东主席批示成立的区域性研究机构，长期致力于非洲问题和中非关系研究，基础研究和应用研究并重，出版和发表了大量学术专著和论文，在国内外的影响力不断扩大。以西亚非洲研究所为主体于2019年4月成立的中国非洲研究院，是习近平总书记在中非合作论坛北京峰会上宣布的加强中非人文交流行动的重要举措。

按照习近平总书记致中国非洲研究院成立贺信精神，中国非洲研究院的宗旨是：汇聚中非学术智库资源，深化中非文明互鉴，加强治国理政和发展经验交流，为中非和中非同其他各方的合作集思广益、建言献策，增进中非人民相互了解和友谊，为中非共同推进"一带一路"合作，共同建设面向未来的中非全面战略合作伙伴关系，共同构筑更加紧密的中非命运共同体提供智力支持和人才支撑。中国非洲研究院有四大功能：一是发挥交流平台作用，密切中非学术交往。办好"非洲讲坛""中国讲坛""大使讲坛"，创办"中非文明对话大会"，运行好"中非治国理政交流机制""中非可持续发展交流机制""中非共建'一带一路'交流机制"。二是发挥研究基地作用，聚焦共建"一带一路"。开展中非合作研究，对中非共同关注的重大问题和热点问题进行跟踪研究，定期发布研究课题及其成果。三是发挥人才高地作用，培养高端专业人才。开展学历学位教育，实施中非学者互访项目，培养青年专家、扶持青年学者和培养高端专业人才。四是发挥传播窗口作用，讲好中非友好故事。办好中国非洲研究院微信公众号，办好中英文中国非洲研究院网站，创办多语种《中国非洲学刊》。

为贯彻落实习近平总书记的贺信精神，更好地汇聚中非学术智库资源，团结非洲学者，引领中国非洲研究工作者提高学术水平和创新能力，推动相关非洲学科融合发展，推出精品力作，同时重视加强学术道德建设，中国非洲研究院面向全国非洲研究学界，坚持立足中国，放眼世界，特设"中国非洲研究院文库"。"中国非洲研究院文库"坚持精品导向，由相关部门领导与专家学者组成的编辑委员会遴选非洲研究及中非关系研究的相关成果，并统一组织出版，下设六大系列丛书："学术著作"系列重在推动学科发展和建议，反映非洲发展问题、发展道路及中非合作等某一学科领域的系统性专题研究或国别研究成果；"经典译丛"系列主要把非洲学者以及其他方学者有关非洲问题研究的经典学术著作翻译成中文出版，特别注重全面反映非洲本土学者的学术水平、学术观点和对自身发展问题的认识；"法律译丛"系列即翻译出版非洲国家的投资法、矿业法、建筑法、环保法、劳动法、税法、海关法、土地法、金融法、仲裁法等等重要法律法规，以及非洲大陆、区域和次区域组织法律文件；"智库报告"系列以中非关系为研究主线，中非各领域合作、国别双边关系及中国与其他国际角色在非洲的互动关系为支撑，客观、准确、翔实地反映中非合作的现状，为新时代中非关系顺利发展提供对策建议；"研究论丛"系列基于国际格局新变化、中国特色社会主义进入新时代，集结中国专家学者研究非洲政治、经济、安全、社会发展等方面的重大问题和非洲国际关系的创新性学术论文，具有学科覆盖面、基础性、系统性和标志性研究成果的特点；"年鉴"系列是连续出版的资料性文献，设有"重要文献""热点聚焦""专题特稿""研究综述""新书选介""学刊简介""学术机构""学术动态""数据统计""年度大事"等栏目，系统汇集每年度非洲研究的新观点、新动态、新成果。

期待中国的非洲研究和非洲的中国研究在中国非洲研究院成立的新的历史起点上，凝聚国内研究力量，联合非洲各国专家学者，开拓进取，勇于创新，不断推进我国的非洲研究和非洲的中国研究以及中非关系研究，从而更好地服务于中非共建"一带一路"，助力新时代中非友好合作全面深入发展。

中国社会科学院副院长

中国非洲研究院院长

蔡　昉

摘要： 临沧市是云南省最不发达的地区之一，2.4万平方公里的国土面积有97.5%是山区，260多万人口。临沧生物多样，气候立体，山高谷深，江河纵横，交通不便，多民族杂居且劳动者素质偏低，在这样的边疆民族贫困地区，要实现全体人民持续脱贫致富，困难重重。

临沧立足区域特征，因地制宜选择产业，持续优化产业布局，持之以恒抓产业发展。20世纪60年代起，开始布局蔗糖产业，用了近30年时间，稳步实现60万蔗农脱贫。1990年起优化布局茶叶产业，覆盖高中低三个海拔段，受益农业人口140万人。2005年开始大规模发展核桃产业，涉及人口100万人，实现高海拔山区32万农民脱贫。2002年将临沧坚果作为生态修复树进行推广种植，2012年开始整体推进，带动建档立卡贫困户6万多户，24万人实现脱贫。到2020年，临沧全部贫困人口如期脱贫，走出了一条依托产业发展持续脱贫、稳定脱贫、长久脱贫之路。

临沧优化产业布局，协调发展，使生态不断得到修复、老百姓收入不断增长、农民综合技能不断提高。本书以临沧坚果产业发展为例，通过实地调研，收集大量的真实案例，结合产业发展相关资料，完整展示临沧坚果产业选择、试种推广、规划布局、示范引导、企业引领、科技支撑的全过程。临沧产业发展的成功经验告诉我们，要因地制宜选择产业、把握全局规划产业、引导群众发展产业、组织联动做大产业、依靠科技做强产业。临沧经验归根结底就是一句话：绿水青山就是金山银山。

关键词：临沧坚果；产业布局；产业发展；精准脱贫；临沧市

Abstract: Lincang City is one of the least developed areas in Yunnan Province, with 97.5% mountainous area in its land of 24000 square kilometer and a population of more than 2.6 million. It is characterized by biodiversity, three-dimensional climate, high mountains and deep valleys, crisscross rivers, inconvenient transportation, mixed ethnic groups and low quality of workers. In such a poverty-stricken area, it is difficult for all the people to get rid of poverty and become rich continuously.

However, based on regional characteristics, Lincang chooses industries according to local conditions, continuously optimizes the industrial layout, and persistently focuses on industrial development. In the 1960s, the sugar industry began to be distributed in Lincang City, and 600000 sugarcane farmers were steadily lifted out of poverty in nearly 30 years. Since 1990, the layout of tea industry has been optimized there, covering high, middle and low altitudes, benefiting 1.4 million agricultural people. In 2005, they began to develop the walnut industry on a large scale, involving a population of 1 million, and as a result, 320000 farmers in high-altitude mountainous areas threw off poverty. Lincang nut was popularized in 2002, planted as an ecological restoration tree, and in 2012 the crop was promoted as a whole, driving more than 60000 poverty-stricken households to file and establish cards and lifting 240000 people out of poverty. By 2020, all the poor people in Lincang will shake off poverty as scheduled, and a sustainable, stable and long-term way has been found out relying on industrial development.

Lincang industry optimizes the layout and coordinates development, so that the ecology has been constantly restored, the income of the people is growing, and the comprehensive skills of farmers are constantly improved. This study takes the development of Lincang nut industry as an example. Based on numerous collected real cases through field research and the relevant information of industrial development, it fully displays the whole process of the selection, trial planting and promotion, planning and layout, demonstration guidance, enterprise guidance, and scientific and technological support of Lincang nut industry. The successful experience of industrial development in Lincang tells us that we should select industries according to local conditions, grasp their overall planning, guide the masses to develop them, organize linkage to expand them, and rely on science and technology to strengthen them. Lincang experience can be summed as: lucid waters and lush mountains are invaluable assets.

Key words: Lincang nut; industrial layout; industrial development; precise poverty alleviation; Lincang City

目 录

贫困是社会问题，也是历史问题，解决贫困是人类面临的共同问题。中国共产党的诞生是世界发展的大事件，中华人民共和国的成立是人类社会进步的大事件。为人民谋幸福，为民族谋复兴，为世界谋大同，写在中国共产党的旗帜上，写在中国政府的使命上。从1949年开始，中国共产党一直为解决贫困问题作着艰辛的探索，为全人类的减贫事业贡献着中国智慧，提供着中国方案。2012年，在以习近平同志为核心的党中央集中统一领导下，中国政府向贫困发起了规模空前的攻坚战、歼灭战、精准战。

临沧市是云南省最不发达的地区之一，2.4万平方公里国土，260万人口。生物多样、气候多样、民族多元。山高谷深，江河纵横。交通不便，远离内地。多民族杂居，且劳动者素质偏低。在这样的贫困地方解决贫困问题难度可想而知。然而，通过几十年持续优化产业布局，持之以恒抓产业发展，到2020年实际农民年人均可支配收入达14000元，全部贫困人口如期脱贫，走出了一条持续脱贫、稳定脱贫、长久脱贫之路。成为农业优、农村美、农民富的典型案例。本书通过实地调研，收集了大量真实数据和图片资料，记录了一个个充满正能量的产业脱贫故事，值得参考、值得借鉴。

一 临沧市概况

（一）临沧市自然概况

临沧位于祖国西南边陲，坐落在太平洋与印度洋两大水系之间的地理分水线上，北回归线穿境而过，东西跨度为191公里，南北跨度为216公里，国土面积为2.4万平方公里，边境线长290多公里，有3个国家级口岸，总人口260万人，区位优势独特，自然资源丰富。

1. 水利资源

临沧因濒临澜沧江而得名。澜沧江是一条国际河流，是亚洲唯一一条一江连六国的河流，有"东方多瑙河"之美称，全长4880公里。在云南省境内流经7州（市），长1227.4公里。在临沧市境内流经4县（区）、贯穿临沧南北，沿线山雄谷深，森林覆盖率高，生态环境优越，热区资源丰富，自然风光与人文景观深度融合，具有很高的保护、开发价值和发展前景。

（1）河流纵横

临沧共有三级以上支流1047条。澜沧江、怒江环抱其境，南汀河穿境而过。东边的澜沧江是湄公河上游在中国境内河段的名称，是流经中国、老挝、缅甸、泰国、柬埔寨、越南的世界第七大河流、亚洲最重要跨国水系，境内306.6公里；西边的怒江是我国西南地区最大的河流之一，流入缅甸后改称萨尔温江，流经临沧境内42.3公里。澜沧江和怒江除了干流以外，共有44条一级支流，其中澜沧江流域集水面积20平方公里以上一级支流40条，怒江流域集水面积20平方公里以上一级支流4条，怒江一级支流南汀河从临沧中间穿过，从清水河出境进入缅甸后汇入萨尔温江。全市8个县（区）每个县（区）都有十多条中小河流经过坝子，县城所在地一般都有1条以上中小河流经过。77个乡（镇、街道）所辖区域均有中小河流经过，其中，耿马自治县的大兴乡、凤庆县的郭大寨乡等19个乡（镇）所在地没有河流经过。

（2）降水充沛

临沧多年平均年降水量为1485.7毫米，多年平均水资源总量为165.16亿立方米，占全省多年平均年自产水资源量2222亿立方米的7.43%，仅次于红河、文山、普洱、怒江，居全省第5位。

（3）水能资源丰富

澜沧江临沧段上建有小湾、漫湾、大朝山 3 座大型水电站，总装机容量 722 万千瓦。其中，小湾电站 420 万千瓦（在我国十大水电站中排第 9 位），漫湾电站 167 万千瓦，大朝山电站 135 万千瓦。除澜沧江、怒江干流外，其他支流水能资源理论蕴藏量约 298.3 万千瓦，可开发水能资源为 167.8 万千瓦；目前已建成小水电站 173 座，装机容量共 104.4 万千瓦。

（4）水利基础设施建设

至 2019 年底，已建成中小型水库 273 座，总库容 5.41 亿立方米。另外，还有小湾、漫湾、大朝山、糯扎渡四大电站，总库容共 397.3 亿立方米。其中，小湾电站库容 151.3 亿立方米，漫湾电站库容 9.2 亿立方米，大朝山电站库容 9.4 亿立方米，糯扎渡电站库容 227.4 亿立方米。

2. 气候

临沧属亚热带低纬度山地季风气候，立体气候显著，气候资源丰富，光热水土条件好，具体可分为北热带、北亚热带、南亚热带、中亚热带、南温带和中温带六种类型。境内四季不甚明显，干湿季分明，冬无严寒，夏无酷暑，雨量充沛，无霜期长，光照充足，气候宜人。年均气温为 18.5℃，6 月最热平均气温

20.7℃，极端最高气温 32.4℃，1 月最冷平均气温
11.9℃，极端最低气温 2.1℃，≥10℃年积温 6268℃。
年日照时数达 2108.4 小时，日照百分率达 48%，太阳
辐射总量达 128.3 千卡/平方厘米。全市森林覆盖率达
66.72%，是"中国恒春之都""中国十佳绿色城市"
"中国十大避暑旅游城市""国家森林城市"和"全国
森林旅游示范市"。

3. 地形地貌

临沧属云贵高原西部边缘，横断山脉系怒江山脉
南部延展地带，地势为南北走向，东北部高，西南部
低，并由东北向西南逐渐倾斜，为滇西纵谷区。临沧
处于中国西南沿边，与中国内陆有较大的物理纵深距
离，其间还有数座海拔较高山脉南北隔绝。太平洋环
流无法将内陆污染投送，印度洋环流区又没有污染源。
云南本地无中度以上污染源，种植区周边森林覆盖率
极高，容易实现产品绿色目标。境内最高点为永德大
雪山峰顶，海拔 3504 米，最低点为南汀河出境处，海
拔 450 米，相对高差 3054 米。全境皆山，有老别山、
帮马山两大主脉，错落分布着海拔在 2000 米以上的主
峰 50 多座，山地间镶嵌着大小不一的盆地 20 多个，
山地约占全市国土总面积的 92%，盆地约占 8%。地
型以山区半山区及峡谷丘陵为主。特殊的地质结构，

造就了临沧群峰绵延不绝、沟壑纵横交错、层岭曲折夹山涧、山坝起伏相依的地形地貌，成就了矿产资源的富集。全市已发现矿产 42 种，矿产地 350 处。其中，锗保有储量 485 吨，居全国第一；高岭土保有储量 1546 千吨，居全省第一。

4. 生物资源

临沧是滇西南生物多样性重点保护区，是云南"动物王国""植物王国""药物宝库"的缩影，被誉为我国滇西南"植物基因库"，孕育着丰富的物种。有野生动物 725 种，其中，有印支虎、亚洲象、黑冠长臂猿（滇西亚种）、绿孔雀等国家一级保护野生动物 21 种，猕猴、水鹿、白鹇等国家二级保护野生动物 74 种，省级保护野生动物 5 种。有高等植物 4200 多种，其中，有云南红豆杉、长蕊木兰、宽叶苏铁、藤枣、伯乐树等国家一级保护植物 5 种，桫椤、金毛狗等国家二级保护植物 30 种。在南滚河国家级自然保护区里面，生长着被誉为"恐龙吃剩的植物"的董棕、桫椤。在耿马自治县孟定镇四方井村，有临沧市建立的第一自然保护社区，专门保护国家一级珍贵树种铁力木及其群落。全市有滇鸡血藤、西藏远志等珍稀名贵中药材 23 种，有龙胆草、草乌、红花等大宗常用药材 400 多种。其中，诃子产量居全国首位，最高年产量达 60 多万千克。早在民国时期就研制出的"鸡血藤膏"，曾获 1916 年巴拿马世界博览会特等金质奖。

（二）临沧市经济社会发展概况

1. 经济发展

2019 年，实现地区生产总值 759.26 亿元，增长 8.5%；固定资产投资增长 25.7%；规模以上工业增加值增长 12%；一般公共财政预算收入 46.47 亿元，增长 5.2%；一般公共财政预算支出 274.11 亿元，增长 2.5%；社会消费品零售总额 222.12 亿元，增长 9.2%；外贸进出口总额 60.74 亿元，增长 20%；招商引资市外到位资金 1579.73 亿元，增长 12.2%；城镇常住居民人均可支配收入 29524 元，增长 8.7%；农村常住居民人均可支配收入 11907 元，增长 10.7%。

全力以赴抓投资。实施"补短板、增动力"省级重点前期项目行动计划，2019 年重点投资项目 310 项；累计取得中央和省预算内投资项目 129 项，补助资金 22 亿元，同比增长 57%。地方政府专项债券项目申报成效显著，2019 年累计取得新增地方政府专项债券资金 30.8 亿元；通过审核纳入提前下达批次 2020 年新增地方政府专项债券项目 58 项，债券资金需求 158 亿元。加大金融支持重点项目力度，引导金融资源更好地服务实体经济，有效防范化解金融风险，全市金融机构人民币存贷款余额较快增长，耿马自治县被列入国家地方隐性债务化解试点县，7 家企业被列入省级上市后备企业。成功引进中远海运集团有限公司、云南海诚集团、海南森华信实业有限公司等大企业，全市引进市外到位资金 1620 亿元。

全力以赴强产业。全力打造"三张牌"，积极推动实施绿色产业发展，评选、表彰、发布全市"十大名品"和名优农产品"十强加工企业""十佳创新型工业企业"。出台《关于推进重点产业加工业向园区聚集发展的意见》，着力抓好临沧边合区建设、临沧工业园区申报创建国家级高新区、耿马绿色食品工业园区争取列入省级重点特色园区等工作，加快形成"一县一业""一园一主导"的发展新格局。重点推进耿马自治县蔗糖全产业链、凤庆县核桃全产业链建设，一批深加工项目开工建设，一批入园企业投产运营。着力抓好"营商环境提升年"，强力推进清理拖欠民营企业、中小企业账款工作，落实减税降费政策，减免税收 6.09 亿元。推进电力市场化交易，降低企业用电成本 9290 万元。加快发展"一村一品、一乡一特、一县一业"，双江自治县、凤庆县被列为全省"一县一业"示范县，永德县、耿马自治县被列为全省特色示范县。耿马自治县勐永镇被列为全国农业产业强镇。

2. 基础设施建设

加快建设"飞燕型"综合交通网。县域高速公路"能通全通"工程全面推进，在建的玉溪至临沧、临翔至清水河等10条（段）高速公路顺利推进，云县城至凤庆县城段高速公路建成通车。大理至临沧铁路按照开行动车标准加快推进，临沧火车站、云县火车站站房加快建设，临清铁路被列入省委、省政府要求加快推进的重点项目，对缅开放大通道建设迎来了曙光。临沧机场改扩建工程稳步推进，开通了"南京至临沧至芒市"首条省外航线。沧源机场开通沧源至成都首条省外航线和沧源往返昆明夜航，新增沧源至大理至成都环飞航线。凤庆等通用机场建设和孟定支线机场前期工作有序推进。

加快建设安全可靠的水网。耿马灌区工程可行性研究报告通过省级评审。农村饮水集中供水率、自来水普及率、有效灌溉保障率不断提高。骨干配套工程建设稳步推进，临翔区大桥坡、双江自治县藤子窝林、凤庆县涌金、沧源自治县永懂水库新建扩建等一批重点水源工程开工建设。

加快建设内强外联的能源保障网。"三大电站"产能充分释放，220千伏登科输变电主体工程完工，220千伏临翔输变电工程项目完成核准。云县新材料光伏产业园区全国增量配电业务改革试点启动实施。与缅甸电网互联互通取得突破，110千伏芒卡—南邓输变电工程建成投产，临沧电网实现首条110千伏线路对缅供电。天然气管道临沧支线（一期）工程开工建设，临沧首个智能电动车充电站投入运营。

加快建设安全高效的互联网。建成4G网络基站6901个，临翔、孟定等5G网络试验站基站建设加快推进，全市建制村、学校、村级卫生室均实现有线宽带和4G网络全覆盖。互联网建设管理得到加强，全市网络基础设施改造升级加快推进，党政机关电子公文系统安全可靠应用全面替代工作有序开展。

加快建设方便快捷的现代物流网。临沧被列入省级重点培育陆港型物流枢纽城市规划布局，临沧（清水河）被列入省级重点发展陆上边境口岸型物流枢纽城市规划布局。与中远海运集团共同组建临沧中远海运物流公司，合作建设大临铁路物流园区。电子商务进农村综合示范工作深入推进，制定实施促进物流产业发展10条措施，乡镇快递企业入驻实现全覆盖。

3. 社会事业发展

2019年，新增城镇就业2.8万人，连续6年保持城镇登记失业率在3.5%左右低位运行。实施"一村一幼"项目88个，持续推进义务教育、特殊教育、民办教育、高等教育。文化、体育、卫生健康事业不断取得进步。社会保障体系不断健全，积极应对食品价格涨幅较快的变化，对城乡困难群众发放临时价格补贴3000万元。高度重视应急安全工作，防灾减灾救灾能力进一步提升。

4. 对外开放

临沧对外开放起步较早，于20世纪80年代初期就积极与缅甸开展交流合作。对缅开放是临沧对外开放的重点，到2020年对缅交流合作全方位深化。新设立驻曼德勒商务代表处，驻缅商务代表处增加到4个。与腊戍市正式建立了友好城市关系。组织参加2019南亚东南亚国家商品展暨投资贸易洽谈会，获缅甸国家工商联合会百年大庆博览会最佳合作团结奖。围绕"一带一路、胞波同行"主题，与缅方在缅甸腊戍市共同成功举办了首届缅甸（腊戍）中国（临沧）边境经济贸易交易会；成功开展了会见会谈、中缅企业家论坛暨项目签约仪式、中缅文艺晚会、商品展示展洽、中国（临沧）阿数瑟文化展演等活动，20家企业通过论坛和签约仪式建立了长期合作关系。

临沧边合区建设加快推进。完成孟定综合交通枢纽示范城市建设总体规划、进出口加工园区总体规划。共建中缅（清水河）边境经济合作区取得新进展，推动南伞工业园区与缅甸果敢 125 工业园区联动建设。清水河口岸迁址新建联检楼主体工程完工，孟定清水河口岸及南伞口岸第二通道建设前期工作加快推进，援缅滚弄大桥项目招投标工作已经结束。清水河口岸经济区跨南汀河大桥连接芒卡通道隧道及连接线项目加快推进。缅甸大学生创业园、边民互市场所规范化建设等一批项目建成投入使用，清水河 CBD 暨跨境贸易特色小镇项目有序推进。进境食用水生动物、冰鲜水产品等指定监管场地加快建设。制定《缅籍人员入境务工服务管理办法》，建立缅籍人员入境服务管理中心。"关检合一"改革、"单一窗口"建设有效推进，压缩通关时间超过省政府要求的 50%。

（三）临沧面临的困难和挑战

临沧具备得天独厚的区位、资源条件，但由于特色资源转化能力弱，仍处于投资性发展阶段，使得临沧的发展同时面临着特色资源与经济业态、沿边优势与基础设施滞后之间存在矛盾等诸多亟待解决的问题。

1. 交通和基础设施落后，经济基础差，发展底子薄

2005 年全市仅有公路里程 11278 公里，其中，国

道 319.2 公里，省道 779.6 公里，县道 3069.8 公里，乡道 6581.6 公里，专用公路 527.6 公里，无高速公路和铁路，有飞机场一个。"十三五"期间是临沧交通发展最快的时期，全市规划建设大理至临沧、临沧至清水河铁路，推动临沧至普洱、芒市至临沧铁路前期工作。大理至临沧铁路加快推进，截至 2019 年底，累计完成投资 49.4 亿元，占总投资的 70%；临沧至清水河铁路已列入省级重点前期项目，正在争取列入国家铁路集团公司勘察设计计划；临沧至普洱、芒市至临沧铁路已完成可行性研究报告编制并通过咨询审查，争取进入"十四五"发展规划。规划建设玉溪至临沧、临沧机场、临沧至清水河、临翔至双江、镇康至清水河、云县至临沧、云县至凤庆、永德链子桥至耿马勐简、耿马勐撒至沧源糯良、沧源糯良至岗莫标山、龙镇桥至南伞、南涧至云县 12 条共计 713 公里高速公路，除南涧至云县高速公路外，其余 11 条高速公路共计 667 公里全部进入国家和省"十三五"规划并已开工建设。到 2019 年末，临沧建成 2 个机场（临沧机场及沧源佤山机场），通 3 条段高速公路（机场高速、清水河至国门段、云县城至凤庆县城段），铁路没有建成通车。总体上看，临沧交通基础设施建设滞后，特别是群众聚居的山区、半山区，农村公路标准低、线型差，不仅制约着民族地区经济社会的快速发展，也严重阻碍了全市经济社会的发展。

2. 适应外部环境的能力不足，开放交往水平亟待提高

临沧沿边区位优势明显，但推进政策沟通、设施联通、贸易畅通、资金融通、民心相通面临基础设施滞后、体制机制障碍等制约，对内、对外开放层次还处于较低水平，主动对接"一带一路"、辐射中心建设能力及承接东部地区产业转移水平亟待提高。目前，临沧仍是铁路和高速公路没有通昆明的州市之一，无法满足临沧对外发展需求。由于交通、资金、技术、人才等方面的制约，孟定清水河、南伞及永和口岸地区的富集资源未得到充分开发，产业层次较低。临沧边境经济合作区处于建设初期，已形成产能的产业优势项目少，承载国家对外开放战略新兴产业的平台还不完善。所辖企业普遍存在生产技术落后，经营规模较小、实力弱、竞争力不强、创新能力不足、集聚化程度不高等问题。全市贸易进出口量小质弱，与其得天独厚的区位优势条件严重不符。临沧边境经济合作区基础设施建设严重滞后，缅方清水河口岸没有按一类口岸功能与我方孟定清水河口岸同等开放管理，严重制约着对外经贸合作。公铁联运配套设施、进出口仓储物流区、公共服务区等基础设施不配套，现代物

流、融资担保、信用保险等服务业不能满足经贸合作需要。

3. 经济发展方式较为落后，缺乏具有核心竞争力的优势产业

临沧处于城镇化和工业化的初级阶段，经济总量在云南省州市中处于较低水平。产业发展质量和水平较低，发展方式粗放，优势产业不强，传统产业初加工比重高，新兴产业发展培育不足，产业集中度不高、支撑作用不强，龙头企业带动作用不明显，产业差异化、特色化不突出，资源优势、规模优势、质量优势未能转化为产业竞争优势。创新驱动能力较弱，针对解决特色资源转化能力弱关键问题的科技领军人才和团队较缺乏。由于企业技术创新的内生动力不足，缺乏核心竞争力，高校和科研院所支撑能力弱，产学研结合不够紧密，自主知识产权和自主品牌拥有量少，在产品研发、品牌建设等方面较滞后。"大产业无品牌、大品牌小产业"问题突出，绝大部分产业仍处于价值链低端，有影响力的品牌不多，地域优势、生态优势、质量优势没有转化为产品优势、品牌优势和市场竞争优势。

4. 民族特色化资源开发不充分，民族劳动者素质亟待提高

临沧是典型的多民族聚居区，是云南省民族工作任务较重的边境州市之一。其民族文化多样，受经济发展滞后、交通条件差等因素影响，市内大量的民族特色旅游资源没有被有效开发利用，许多有价值的资源没有被世人所熟知。民族文化资源开发不到位，民族民间工艺开发不够，产业化水平不高。民族民俗节庆资源利用不充分，有影响的民族节庆会展不多，丰富的民族文化旅游资源优势尚未转化成具有市场竞争力的产业优势。由于地处边疆，少数民族众多，市民文化水平和素质相对较低。

二 临沧市产业选择与精准脱贫历程

临沧市整体规划、合理布局、分步发展产业，逐步实现精准脱贫。中华人民共和国成立后，在国家"以粮为纲"战略指导下，以解决农民吃饭问题为第一任务。从20世纪60年代开始，逐步探索经济产业的规模化发展。从1958年谋划布局产业规模化发展，通过全市大抓粮食生产，大干农业学大寨，用较短时间解决绝大多数人的吃饭问题。发展甘蔗产业，优先布局茶叶产业和核桃产业，快速推进澳洲坚果产业，实现全体人民共同脱贫，逐步致富。而要实现持续脱贫并致富，还需要对甘蔗、茶叶、核桃和澳洲坚果等产业的布局进行不断优化。

（一）依托产业发展，逐步实现精准脱贫

临沧产业的整体发展大致分为三个阶段，第一阶段

是 20 世纪 60 年代开始的大规模布局甘蔗产业；第二阶段是云南省实施"18 项生物资源工程"（以下简称"18 工程"）后，特别是国家实施退耕还林政策之后，优先发展茶叶产业和核桃产业；第三阶段是 2012 年开始，进入扶贫攻坚阶段，优化布局发展澳洲坚果产业。

1. 布局甘蔗产业，实现热区农民脱贫

临沧市热区资源丰富，具有发展甘蔗、橡胶、咖啡、热带水果等热带经济作物的优势和条件，海拔 1300 米以下的亚热带面积达 7886 平方公里，占全市总面积的 1/3，占云南省热区面积的 11.4%，是全国甘蔗种植优势区。20 世纪 90 年代以来，临沧市充分利用丰富的热区资源优势，科学合理规划原料基地，出台扶持政策，加大企业扶持力度，加快推进蔗糖产业的发展。

1958 年起，临沧开始探索布局发展甘蔗产业。甘蔗是临沧热区经济作物中面积最大、加工能力强、产业化经营水平较高的作物。1978 年以前，由于良种、良法、加工不配套和生产力发展受束缚等因素，甘蔗生产徘徊不前，发展缓慢，种植面积还不到 10 万亩，单产徘徊在 1.5—2 吨，总产量不到 10 万吨。1978 年，临沧甘蔗种植面积 5.62 万亩，总产量 9.73 万吨，平均单产 1.73 吨。

党的十一届三中全会以后，国家制定一系列政策和措施，把甘蔗生产作为全市骨干产业来规划培育，扶持蔗农种蔗和兴建精制糖厂，加强蔗区和加工企业的基础设施建设，开展甘蔗新品种的引进、试验和示范推广工作，重点推广云蔗71/388、桂糖系列等品种。甘蔗生产水平逐年提高，加工能力逐年扩大，蔗糖产业迅速发展，蔗农收入普遍增加。

到1990年，全区甘蔗种植面积为23.98万亩，总产量75.4万吨，平均单产3.14吨。2000年后，地委、行署提出"关于加快建设高优蔗园"的决定，出台优惠政策和措施。在国家、省的支持下，耿马、双江、云县、凤庆、永德、镇康6个县先后被国家、省列为国家级糖料基地县和甘蔗良种繁育基地建设项目。市、县、乡和制糖企业相应成立甘蔗科技机构，从事甘蔗产业的科技人员不断增加，制定《高优蔗园建设标准》，以新台糖系列为主，早熟、高糖品种推广面积逐年扩大。以高优蔗园实施"四个一"工程为突破口，主攻甘蔗下田、秋冬植蔗的发展力度。以双江县为重点推进的甘蔗标准化种植步伐加快，种植技术不断改进。蔗区基础设施得到较大的改善，甘蔗生产发展迅速，取得了历史性的突破，创造了前所未有的佳绩。经过20多年的努力，临沧以州市级为单位，甘蔗种植面积和产糖量居全省第一、全国第二，甘蔗面积和产糖量占全省的1/3。临沧市已成为云南省主要蔗糖生产基地,蔗糖产业覆盖全市8个县(区)、53个乡镇、5个农场、1个工委、1个华侨管理区、426个村办、3757个村民小组、23万农户,产业成已为临沧市影响面最广、关联度最大的支柱产业。

2015年,为稳定蔗糖产业发展,保障农民利益,确保国家食糖安全,国家发展改革委、农业部下发《国家发展改革委 农业部关于印发糖料蔗主产区生产发展规划(2015—2020年)的通知》(发改农经〔2015〕1101号)。在各级的努力下,临沧市争取到88万亩国家糖料蔗核心基地建设项目,共争取中央投资5.28亿元。2015—2018年,国家共下达临沧市糖料蔗核心基地建设项目5批次34个项目,建设糖料蔗核心基地421608亩,计划总投资151882.83万元,其中中央预算内投资25296.48万元,其他投资126586.35万元。截至2018年,实际到位资金128699.96万元,其中中央资金25296.48万元,其他资金103403.48万元。已完工项目28个,正在建设项目6个。中央预算内投资分别完成坡改梯76440.81亩,土地平整22014.63亩,新建田间道路315.65公里、改扩建田间道路101.94公里,新建田间沟渠170.81公里,新建管道286.54公里,修建蓄水池529个、取水坝15座。2019年,国家下达临沧糖料蔗核心基地建设项目45.5万亩,下达中央投资 2.73 亿元，当年项目开展招投标工作，年底开工建设，2020—2021 年建设完工。

2018 年，全市甘蔗种植面积达 136.81 亩，其中市内 114.78 万亩，境外 19.32 万亩，市外 2.71 万亩。全年新植蔗 33.78 万亩，占 24.7%；宿根蔗 103.03 万亩，占 75.3%。田蔗 31.39 万亩，占 22.95%；水浇地蔗 2.36 万亩，占 1.73%；旱地蔗 103.06 万亩，占 75.32%。早熟品种 63.13 万亩，占 46.15%；中熟品种 61.89 万亩，占 45.24%；晚熟品种 11.79 万亩，占 8.61%。8 个县（区）都种植甘蔗，耿马种植面积最大，为 40.98 万亩，第二是镇康种植 15.9 万亩，第三是云县种植 13.44 万亩，沧源种植 12 万亩，双江种植 10.64 万亩，永德种植 9.32 万亩，凤庆种植 9 万亩，临翔种植 2.88 万亩。境外甘蔗种植主要分布在缅甸果敢、滚弄、户板、南邓，市外甘蔗种植主要分布在普洱景谷的永平。

回顾临沧甘蔗产业的发展，从 20 世纪 60 年代开始探索发展蔗糖产业，通过良种推广，科学种植，配套制糖加工企业，用了近 30 年时间，蔗糖产业实现了从种植到加工，从加工到销售的一体化生产体系。到 20 世纪 90 年代中期，该产业形成政府、企业、农民三者共赢的格局。目前全市拥有制糖企业 14 家，日处理甘蔗达到 3 万吨，种植面积突破 100 万亩，从面积和产量来看，均为云南省第一。同时，局部地区也出现了毁林种蔗、低效种蔗的情况，优化调整产业布局已势在必行。进入新时期以后，临沧市提出优化布局、稳定面积、提高单产、综合利用的指导方针。到2019年，全市种植面积稳定在130万亩左右，成为临沧农民增收、财政增长、企业增效的重要支柱产业，60多万农民从中受益。

2. 积极培育茶叶产业，实现中高海拔山区农民脱贫

临沧是世界茶树地理起源中心和栽培起源中心，是最早发现和利用茶的地区，是滇红茶、蒸酶茶诞生地和普洱茶原产地，是中国最大的产茶市、最大的红茶生产基地和最大的普洱茶原料基地，是普洱茶中国特色农产品优势区和中国滇红知名品牌创建示范区。有古濮人3200多年前种植遗存的世界最粗、最古老的栽培古茶树——凤庆锦绣茶尊；有云南大叶种茶发祥地——双江冰岛古茶园；有完整记录茶树从野生、半野生到栽培驯化全过程进程，被誉为"茶树自然历史博物馆"的云县白莺山古茶园；有集中分布面积1.3万亩，世界上海拔最高、种群密度最大、抗性最强的双江县勐库大雪山野生茶树群落；有世界三大顶级标杆古树普洱茶中的冰岛茶、昔归茶；有世界顶级古树

红茶、白茶名山——凤庆锦绣古茶山、云县白莺山；有茶马古道第一镇——鲁史古镇；有中国重要农业文化遗产——双江勐库古茶园与茶文化系统。全市77个乡（镇），海拔800米以上的地区都有野生茶园和现代茶园分布，生产加工的茶叶制品畅销国内外等20多个国家和地区，是出口创汇的主要经济作物产品。

1978年后，国家、省、市、县、村和种植农户对茶叶生产的发展十分重视，加大对茶叶生产的投入，致力抓好老茶园改造和高优生态园的建设，依靠科技进步，加快茶树品种改良和新技术的推广，促进茶叶生产的发展，茶叶种植面积和产量大幅度增加。1990年临沧出台《关于加快临沧茶叶生产的实施意见》，出台一系列利于茶叶生产发展的政策和措施。调动农民发展茶叶的积极性，发展以无性系良种为主的高优茶园和有机茶园基地建设。

2019年，全市茶叶总产量14.2万吨，其中精制茶产量9.1万吨。茶叶产业综合产值219.8亿元（其中农业产值50亿元，工业产值82.5亿元，第三产业产值87.3亿元），毛茶平均价格35.3元/公斤，精制茶平均价格90.91元/公斤，全市140万茶农人均来自茶叶的收入为3571元。

全市有茶叶初制厂（所）4304家，通过国家生产许可认证的茶叶加工企业有243家，其中，国家级龙头企业 4 家，省级龙头企业 19 家，年产值 2000 万元以上的企业 66 家。全市茶叶企业生产加工能力超过 15 万吨。拥有 CTC 红碎茶生产线 30 条，工夫红茶清洁化生产线 3 条，茶饮料生产线 1 条。

在公用品牌建设上，全市确立了"天下茶尊"和"红茶之都"两大公用品牌。"临沧普洱茶"成功入选中国农业品牌目录 2019 农产品区域公用品牌。临沧市先后被认定为"中国红茶之都""临沧普洱茶中国特色农产品优势区""全国滇红茶产业知名品牌创建示范区"和"最具茶文化魅力城市"。双江勐库古茶园与茶文化系统被认定为中国重要农业文化遗产，世界重要农业文化遗产申报工作已经启动。在企业品牌建设上，全市现有中国驰名商标 5 件（凤、勐库、龙润、澜沧江、三宁），中华老字号 1 件（凤牌滇红茶），地理标志证明商标 2 件（凤庆滇红茶、镇康马鞍山茶），农产品地理标志产品 1 个，农产品地理标志登记证书 1 个（勐库大叶种茶），云南省著名商标 38 件、云南名牌农产品 19 个。双江勐库茶叶有限责任公司"勐库"牌本味大成普洱茶（生茶）、滇红集团股份有限责任公司"凤"牌经典 58 红茶分别被评为云南省 2018 年"十大名茶"第二名和第六名；双江勐库茶叶有限责任公司被评为云南省 2018 年绿色食品"20 佳创新企业"之一。

为保护产业资源，临沧认真贯彻落实《临沧市古茶树保护条例》《临沧市古茶树保护条例实施办法》《临沧市锦绣茶尊古茶树保护实施办法》等一系列政策法规。开展古茶树资源普查工作、政策法规宣传及行政执法培训，实行古茶树（园）挂牌、立碑保护，对古茶树私移乱伐行为进行查处，对违规竖牌、私搭乱建进行清理拆除和"叫停"。同时积极申报重要农业文化遗产、开展地理标志产品及证明商标等认定，对古茶园、古茶树进行科学研究。

茶叶产业是临沧农民增收致富的主导产业，覆盖高、中、低三个海拔段，农业特产税取消之后，极大地调动了农民种茶、管茶、制茶的积极性，面积不断增加，产量和产值不断提高。到 2019 年，全市实有面积突破 150 万亩，受益农业人口 140 万人，成了临沧农民的小康树。特别是广大中高海拔山区茶叶产业，就是农民的上学树、养老树、小康树。

3. 优先发展核桃产业，实现高海拔山区农民脱贫

临沧核桃产业发展较早和较快的数凤庆县。根据《临沧地区林业志》记载，中华人民共和国成立后，全区一直以核桃为大宗经济林木，并以凤庆县为龙头，带动各县发展。1980 年 1 月，临沧地区行署发出《关于积极抓好核桃生产经营的通知》，鼓励发展核桃种

植，规定每嫁接活 1 株泡核桃，发给奖金 0.2 元。为做好示范推广工作，从 1980 年起，地区行署林业局和云县林业局在云县头道水进行综合试验，逐步推广泡核桃种植。1994 年地委批准全区新建核桃基地 85 万亩，共建成 100 万亩核桃基地规划，并于 9 月召开核桃专题会议，落实工作任务。1995 年，凤庆县、云县被列为第一期省级干部果经济林示范基地县，在以后的 3 年内，各完成 3.2 万亩泡核桃示范林建设。2004 年 12 月，云南省凤庆县被国家林业部授予"中国核桃之乡"称号。

2006 年以来，核桃种植由政府免费提供一株壮苗，市级财政按每年每亩 3 元、县级财政按每年每亩 2 元给予抚育管护补助，主要用于购买核桃专用肥等物质。相关部门积极整合项目资金，重点保障核桃基地的配套基础设施建设。市、县林业部门每年从森林植被恢复费中拿出不少于 40% 的资金投入核桃基地水、路等设施建设。截至目前，全市共投入核桃产业发展资金 6.4 亿元，建成核桃基地 800.39 万亩，相对集中连片的高产核桃园面积 300 余万亩，占总面积的 37%。

在核桃基地建设过程中，在深入调研和广泛征求群众意见的基础上，及时发现了种植标准不高、抚育管护不到位、成活率不高、成长率不好等问题，创造性地开展了以着力提高核桃成活率、成长率、挂果率为内容的"三率"建设活动，有力地促进了核桃基地建设健康推进。

一是明确标准。制定出台了《临沧市核桃"三率"建设实施意见》，进一步明确了总体目标、阶段性任务、各级各部门职责以及保障措施等。把核桃"三率"建设的技术标准写进了政府文件，确定每年5—6月、11—12月由全市统一组织开展两次核桃"三率"建设抚育管护"大会战"，并形成长效机制。二是抓实种苗。始终不渝抓实苗木质量监管，从核桃苗木生产经营、市场准入、种苗出圃、质量检验、质量档案、监督管理等各个环节进行规范，并严格实行苗木质量终身问责制。苗圃嫁接穗条由市、县林业技术人员把关验收，苗木出圃须经过林业局领导、技术员和乡镇领导三方签字认可，并建立苗木质量档案，做到谁把关、谁签字、谁负责。三是科技支撑。在实践中总结了"调整优化品种、科学合理密植、加强施肥管理、陡坡逐年垒台、树盘覆盖改土、林下科学套种、病虫综合防治、科学整形修剪、适度移密补稀、成熟适时采收"十大核桃园建设技术规范。采取技术培训、以会代训、发放技术手册、播放电视专题片等形式，加大技术推广力度。全市达到每个核桃种植户有一名科技"明白人"，每个核桃种植村至少有一批核桃种植管理的科技"能手"，为核桃产业发展奠定了科技支撑。

核桃产业作为脱贫攻坚主导产业，覆盖了山区、半山区的绝大多数农户，是绿色产业、生态产业、致富产业。各级各有关部门以提高核桃单产和林地综合产出率为目标，以整合项目、集成技术、加大投入、强化管理、示范带动为手段。一是明确目标定任务。制定下发了《临沧市核桃产业提质增效实施方案》，提出到2020年，盛果期单株产量达50公斤以上，亩产值达8000元以上。核桃林下配套产业产值达到每亩2000元以上，核桃林地每亩综合产值达到10000元以上。二是制定标准抓示范。制定了核桃提质增效"五化"标准：基地建设标准化，品种改良优质化，林下产业配套化，生产加工一体化，产业组织健全化。按照"示范引领、逐步带动、全面推进"的工作步骤，打造一批高产、优质、高效、生态、安全的核桃园。全市已完成老化、低产、劣质核桃树品种改造24.6万株，完成树体改造和树形改良120万株，完成核桃补植补造26万亩，引进漾杂系列、龙佳、云新14号等优良新品种种植8.4万亩。三是创新模式促增收。积极探索和推广林药、林菜、林茶、林芋、林果、林下养殖等经营模式，大力发展林下产业，形成以短养长、长短结合、立体发展的良好格局，促进了农民增收致富。四是引入龙头促带动。把引进、扶持、培育龙头企业作为核桃产业化经营的关键措施来抓，制定了一系列优惠扶持政策，引进了云南汇智源食品有限公司、凤庆县宏达食品有限责任公司、凤庆县建益食品有限公司、临沧庆丰核桃生物科技有限责任公司等一批资金雄厚、技术先进的核桃加工生产企业落户临沧，开发高档核桃油、核桃粉、核桃露、核桃洗手液等产品，强有力地带动了核桃产业健康、有序、多元发展。

4. 优化布局澳洲坚果产业，实现中低海拔地区农民脱贫

2002 年，临沧市将澳洲坚果作为生态修复树进行推广种植。澳洲坚果根为须根系，主根不发达，侧根庞大，根系分布较浅，具有较好的固土、保水的生态价值。澳洲坚果对土壤要求不高，甚至在喀斯特地貌也能存活，具有相对较强的抗旱和抗寒能力，非常适宜在无水或少水的干旱区域种植。临沧市抓住国家退耕还林政策实施的历史机遇，首先将澳洲坚果树作为生态修复树进行种植。

澳洲坚果幼时生态价值超过经济价值，中后期生态价值与经济价值等值。2012 年，先期作为生态修复树推广种植的澳洲坚果，不仅生态效益良好，经济效益也日益显著，对群众种植澳洲坚果产生了良好的示范带动作用。同时，国家提出扶贫攻坚战略，澳洲坚果成为临沧市最后可以大规模产业布局的经济树。澳

洲坚果产业的规模化、集约化、标准化、现代化发展，实现了中低海拔地区农民脱贫。

临沧市立足市情、民情和资源特点，把澳洲坚果作为临沧特色产业发展和低热河谷地区生态产业化修复治理的重点产业来谋划推进。2004 年以来相继出台了《临沧地区澳洲坚果产业发展意见》《中共临沧市委临沧市人民政府关于加快推进高原特色农业发展的决定》《中共临沧市委临沧市人民政府关于建设森林临沧的决定》《中共临沧市委临沧市人民政府关于加快推进澳洲坚果产业发展的实施意见》等重要文件，对澳洲坚果进行整体规划，优化布局，并制定了具体的实践路径。

（1）创新机制抓示范

一是在发展方式上。探索推行了"公司＋基地＋农户""合作社＋农户＋市场"等成功模式，引导企业和大户采取集约造林、农户以土地入股与公司合作造林、合作社统一组织农民造林、企业与种植农户签订坚果原料订单收购协议等形式，提高了产业的规模化、集约化和组织化程度，形成了"风险共担、利益共享、互利互惠、共同发展"的格局。二是在种植模式上。根据临沧澳洲坚果生长周期较长、种植株行距较大的特点，探索推广了"坚果＋咖啡""坚果＋中药材""坚果＋粮豆"等间套模式，形成以短养长、以耕促抚的良好格局。三是在抚育管护上。制定了示范村建设标准、技术规程、验收办法和奖惩措施，每年在全市种植坚果的乡镇推进1—2个面积在1000亩以上的提质增效示范村建设。两年来，建设提质增效示范村160个，覆盖面积30.93万亩，改造低劣品种14万株，实施林下配套种植4万余亩。

（2）强化监管抓种苗

始终把种苗作为临沧澳洲坚果产业发展的基础和关键来抓。一是严格准入制度。凡是不具备相应资质、育苗面积不足50亩、繁育良种达不到5个以上、技术人员配备不足3—5人的育苗户，一律不列入招投标对象。二是严把品种关。在市内优选划定了良种采穗圃，实行定向育苗、定点采穗。三是合理搭配品种。实行苗圃品系分类挂牌区划，合理搭配苗木出圃上山，同一地块按比例配置2—3个优良品种种植，有效提高果木授粉概率，确保了坚果质量优、产量高。四是实行责任终身追究制。建立了规范、透明的管理体系，所有造林用苗严格实行招投标制。苗木起苗、出圃验收、调运、分发等各个环节都有专人签字验收，层层落实责任追溯制。

（3）注重效益抓科技

一是配强科技服务队伍。市、县分别建立了专门的澳洲坚果科研站所，并通过引进、招考等方式配备了一支专业技术队伍。二是狠抓实用技术培训推广。建立市县乡村四级生产经营技术培训网络，广泛开展良种繁育提质增效等实用技术培训。目前，每个种植村有科技"带头人"3—5名，基本达到每户种植户有1名科技"明白人"。三是走科技创新路子。注重"产、学、研"相结合，加强与科研单位、院校的交流合作，市政府先后与省林业科学院、中国热带农业科学院、上海美安康质量检测技术有限公司签订了战略合作协议，在先进技术的集成、示范、推广、产品研发以及标准化建设等方面取得了实质性成果。

（4）政策配套抓投入

林业部门把新一轮退耕还林、木本油料、造林补贴、林业贴息等项目集中安排布局在坚果产业重点发展区域；交通、水利、扶贫等部门配合联动，积极整合项目资金重点保障水、电、路等配套基础设施建设；建立"公司+基地+合作社+农户"的利益共同体模式引导和鼓励公司、企业、大户等社会资金投入到坚果产业发展中来，广泛聚集力量，合力推进临沧澳洲坚果产业发展。

（5）培育龙头抓品牌

大力支持鼓励企业参与临沧澳洲坚果基地建设和产品精深加工。目前，全市已有5家重点企业、30余户种植大户在临沧投资发展坚果产业。其中，云澳达坚果开发有限公司在镇康县南伞镇投资建设了万吨坚果加工生产线，研发了包括果壳、果仁六大系列 19 个精深加工产品，以"云澳达""云果""云果大仁"为代表的品牌。与电商"三只松鼠"签订了 10 年战略合作协议，拓宽临沧澳洲坚果销售管道，为全产业链发展打下良好基础。

（二）优化产业布局，实现持续脱贫

临沧是全国 14 个集中连片特困地区滇西边境片区的主战场之一，所辖 1 区 7 县都是贫困县。2014 年建档立卡以来，全市有贫困乡（镇）28 个，贫困村 562 个（深度贫困村 170 个），贫困人口 9.44 万户、36.89 万人。党的十八大以来，特别是全面打响脱贫攻坚战以来，全市 94357 户 368942 人建档立卡贫困人口已全部脱贫，562 个贫困村、28 个贫困乡镇已全部退出，临沧历史性地告别绝对贫困。为了脱贫后避免返贫，让老百姓实现持续增收，临沧市确定了"稳定甘蔗产业、做优茶叶产业、巩固核桃产业、加快发展临沧坚果产业"的总方针。

1. 稳定甘蔗产业

甘蔗产业发展存在的突出问题。一是蔗区基础设施薄弱，工程性缺水突出。全市旱地蔗超过70%，水利设施不配套，工程性缺水严重，甘蔗单产低。二是生产投入成本高，种蔗比较效益低。旱坡地面积大，难以大面积推广农用机械，甘蔗种植、中耕管理、收获等整环节基本靠人工来完成。随着劳动力紧张、工价较高和化肥等农业生产资料价格不断上涨，种蔗比较效益不高。三是种植面积持续下滑，原料基地面积难以稳定。四是甘蔗生产综合机械化水平低。全市甘蔗生产综合机械化水平仅32.34%，低于全国平均水平。五是国家糖料核心基地建设投入不足，建设标准低。按照国家和省级实施方案标准，核心基地亩建设资金投入超过3500元，目前仅有国家补助600元/亩，项目难以发挥较好的增产、增收示范效果。

临沧市围绕全省打造"绿色食品牌"和推进蔗糖产业高质量发展的部署要求，抓住国家划定重要农产品生产保护区的机遇，按照"高产、高糖、高效、集约、生态、安全"的思路，稳定甘蔗种植面积，改善蔗区生产条件，加大科技推广应用，推进绿色生产，积极发展精深加工和循环经济，延伸产业链条，转变蔗糖产业发展方式，建设资源节约型、环境友好型现代甘蔗产业，把临沧打造成为全国重要的优质蔗糖生产基地，建设国家级现代蔗糖产业基地和国家级糖业循环产业示范区。

一是高标准推进"双高"糖料基地建设。抓住国家实施"糖料蔗核心基地建设"和划定"糖料蔗生产保护区"的机遇,以平坝、丘陵低缓山区蔗区为重点,按照机械化作业要求,开展土地平整、机耕道路修建、改良土壤,改善蔗区水利、道路等田间基础设施。确保全面完成国家糖料蔗核心基地建设任务,在全市高标准、高质量建设"双高"糖料基地,建成布局合理、设施完善、生产现代化蔗糖生产基地。同时,积极争取国家重要农产品(蔗糖)生产保护区建设项目,进一步提升基地建设和管理水平,为蔗糖产业高质量发展提供稳定的基础保障。

二是大力发展适度规模经营。根据现代甘蔗糖料生产要求,大力推进甘蔗生产规模化经营,积极培育甘蔗种植大户、专业合作社、家庭农场等新型经营主体,提高甘蔗生产规模化和组织化程度,积极探索生产托管、土地入股、承保流转等方式,调动各方积极性,支持企业、合作社、种植大户等开展规模化种植。依托云南山水农牧集团公司、耿马县七彩田园牧业公司等肉牛养殖企业,充分利用我市蔗梢、蔗叶资源丰富优势,大力推广"公司+合作社(养殖大户)+农户"生产经营模式,积极培育养牛专业合作社、养牛大户,打造西南重要的肉牛生产基地,实现"蔗梢、蔗叶—饲料—养殖(牛)—沼气发电及生物肥—甘蔗种植"循环发展，延伸产业链、拓宽产业带，提高甘蔗生产的综合效益，逐步实现从传统资源消耗型增长模式向生态型资源循环发展模式的转变。

三是扎实提升蔗糖产业科技支撑能力。加快推进新一轮甘蔗品种的更新换代步伐。到 2020 年，分别建设 1 个省级良种繁育科研中心、100 亩以上一级良种选育基地、5000 亩以上二级良种扩繁基地，建立健全全市甘蔗良种繁育体系，高产高糖良种覆盖率达 95% 以上。加大甘蔗全程机械化示范推广。依托国家糖料蔗核心基地建设，以农业机械化服务专业合作社、制糖企业为载体，按照"机械化与半机械化并举，农机工程措施与甘蔗种植农艺措施结合、机械化生产与整治蔗区坡地结合、机耕道路和水利设施建设逐步配套"思路，大力推广机械化深耕、深松技术和机械化收获技术，加快推进全市甘蔗机械化生产。加大甘蔗轻简高效集成栽培技术推广，到 2023 年轻简高效集成栽培技术推广应用率达到 90% 以上，其中新植蔗实现 100% 全覆盖，宿根蔗覆盖率达到 70% 以上。积极引进国家级行业专家，加大蔗糖产业相关新产品研发，不断延伸产业链条，提升产品附加值和产业效益。

四是强力推进绿色生产。抓住国家、省支持临沧建设国家可持续发展议程创新示范区机遇，深入实施化肥农药减量增效行动，大力推广测土配方施肥、有机肥替代化肥等技术，加大生物、物理防控技术推广，推进病虫害统防统治、高毒农药替代等措施，减少化肥农药使用量。大力推广和普及运用临沧市绿色农业甘蔗丰产栽培技术，积极组织企业，构建"政府引导、企业主体、蔗农参与"的甘蔗地膜回收利用机制，努力提高甘蔗地膜回收利用率。积极探索农药包装废弃物回收，逐步建立甘蔗农药包装废弃物回收机制，提高农药包装废弃物回收率。加强制糖行业节能环保监察，全面推行清洁生产审核，淘汰高污染、高耗能、低效率设备，推广应用节能环保技术、工艺、装备。积极开展 GAP、GMP 改造认证，提升企业产品质量和技术装备水平。

五是强化质量安全。抓住临沧市创建农产品质量安全示范市机遇，加强对制糖企业的支持和引导，支持制糖企业深入实施质量兴企战略，研究制定一批企业标准和地方标准，努力建设一批甘蔗种植标准化示范区。积极申报蔗糖"三品一标"，积极探索有机甘蔗种植、有机蔗糖产品、有机红糖产品加工认证。加强食糖产品安全和质量管理，建立和完善食品安全诚信体系和质量安全追溯体系，确保产品符合国家食品安全和质量要求，打造"临糖"绿色食品和生态食品品牌。

六是拓展发展空间。抓住国家、省支持临沧边境经济合作区建设机遇，立足临沧沿边区位优势，积极服务和融入国家"一带一路"建设以及云南省面向南亚、东南亚辐射中心定位建设，充分利用境内境外两种资源、两个市场，积极争取甘蔗等大宗农产品和农资进出口"绿色通道"、国家中缅农业合作项目农产品返销进口和化肥出口免税等政策支持，大力支持制糖企业"走出去"，加强与缅甸甘蔗种植农业合作，推进原料在外、加工在内的农业合作模式，拓展境外甘蔗种植面积，争取到 2020 年境外甘蔗种植面积达到40 万亩。

七是推进蔗糖产业链延伸。抓住耿马县蔗糖产业进入全省"一县一业"特色县的重大机遇，依托耿马绿色工业园区建设，整合全市蔗糖产业资源，推动蔗糖产业全产业链聚集发展。一则巩固提升制糖主业。在稳定传统食糖生产基础上，重点发展精制白砂糖、精制红砂糖、液体糖等产品，推动制糖加工由初级产品向终端产品发展。二则推进糖业精深加工。按照对一棵甘蔗"吃干榨尽"的思路，围绕市场需求，加快推进精制有机糖、营养红糖、木糖、糖果食品、多维糖、低聚果糖、甘蔗醋、甘蔗浓缩汁等产品开发，推进以蔗糖为原料的高端产品开发。三则拓展糖业循环经济链。推进甘蔗叶梢、蔗渣、糖蜜、滤泥、废醪液等副产品和废弃物资源化、再利用，实现蔗糖产业三产融合发展。

到 2020 年，全市要建成"双高"糖料蔗核心基地 100 万亩（境内 90 万亩，境外 10 万亩），年产蔗糖 70 万吨以上，实现蔗糖产业产值 70 亿元以上。到 2023 年力争建设 120 万亩（境内 100 万亩，境外 20 万亩），带动全市 160 万亩蔗区（境内 120 万亩，境外 40 万亩），平均单产达 5 吨，甘蔗含糖量 16% 以上，甘蔗产量达 800 万吨以上，蔗糖产量达 100 万吨，蔗糖产业综合产值突破 100 亿元。通过改善蔗区道路、水利等基础设施建设，加大新品种、轻简技术、规模化经营、甘蔗适用机械推广应用，使甘蔗生产效益增加 20% 以上。

2. 做优茶叶产业

临沧茶叶产业发展一是产业工业化程度低。全市共有茶叶初制厂（所）4304 家，但通过国家生产许可认证的加工企业仅 243 家。目前，茶叶精制加工率仅 64%，精制加工率与茶叶生产规模不匹配，大量茶叶资源以低附加值初制原料形式对外销售，原料初加工在全市茶叶产业发展中还扮演着重要角色，产业精加工程度不高、工业化程度仍然较低。二是产业链不长、不深。产业上、下游未紧密结合。产业发展仍处于农产品思维阶段，临沧茶叶产业发展的规模优势、质量优势、资源优势没有充分发挥，没有转化为产品优势，更没有转化为品牌优势和市场竞争优势。产业深加工和跨界开发落后。现有的产品有茶粉、茶籽油、茶饮料和茶酒，但加工数量少且市场认可度不高，没有形成规模，茶叶的全价利用、跨界开发还处于尝试阶段。三是产业集中度不高。全市通过SC认证的茶叶加工企业243家，年产值2000万元以上的主要规模茶叶企业66家，申报并经认定的规模以上企业有40余家，规模以上企业所占比例仅16.5%。主要规模茶叶企业中，年产量1000吨以上的企业有8家、500—1000吨的有20家、200—500吨的有25家、200吨以下的有13家，单个企业生产加工规模较小。全市现已建成、运行的茶叶产业园区仅有凤庆滇红茶生态文化产业园。全市茶叶加工企业总体处于零星分布状态，散、小、弱、乱、杂的特点明显。四是工业化新技术运用推广不够。茶叶机械化生产、自动化加工、智能化管控、多元化产品开发、立体营销等新技术在全市茶叶产业发展过程中缺乏运用推广。茶园机械化管理程度低，产品生产效率不高，企业仓储管理落后，产品附加值低、市场狭窄，产业效益不明显。

要解决这些问题，推动临沧茶叶产业可持续发展、提升临沧茶叶产业竞争力，需要以工业化理念谋划茶产业发展。需要按照《云南省茶产业发展行动方案》

《云南省人民政府关于推动云茶产业绿色发展的意见》
《云茶产业发展"八抓"工作推进方案》及临沧市
《关于加快推进茶叶产业发展跨越发展的实施意见》
来抓好产业发展。

一要推进茶叶产业园区建设。按照建设国家级生
态工业示范园区和省级工业园区的标准，推进凤庆滇
红生态文化产业园的转型升级，启动双江冰岛茶生态
文化产业园、永德县现代熟茶加工园区及沧源县林间
茶养休闲旅游园的规划建设。

二要推进茶叶深加工及跨界开发。引进新技术，
扩大现有茶叶深加工及跨界产品的生产种类及规模，
在茶多酚萃取、速溶茶粉、液体茶饮料等深加工产品
及茶食品、茶日化用品、茶保健品等跨界产品上取得
突破。

三要推进茶叶产业人工智能化及全程机械化。在
茶园管理、产品加工、资源保护、仓储管控，展示平
台及立体营销网络建设等环节，广泛运用互联网、物
联网、人工智能等信息化技术及机械化、自动化等工
业技术。

四要推进产品质量控制体系及追溯控制体系建设。
利用互联网、物联网、5G 技术、北斗定位系统等，加
强产品质量安全监管，建立完善全过程、全链条的产
品质量控制体系及追溯控制体系，建立二维码标识，

实现产品质量可控制、产业链质量安全信息可追溯，构建从茶园到茶杯的质量安全保障体系。

五要推进供应链新型工业化。引入新零售概念，将大数据、物联网、云计算、区块链等先进信息技术运用于生产资料投入到产品投放市场全过程，将在线服务、线下体验以及现代物流进行深度融合。整合生产、销售、采购、仓储、物流等信息系统，打造供应链协同采购平台，推进智能网络营销中心、产地交易体验中心、仓储物流配送中心、公共信息平台建设。

六要推进三产融合发展。在充分利用基地、企业和市场、服务等要素的基础上，紧密结合科技开发、知识科普、文化展示、旅游观光、生产体验、物流信息等功能，积极推进茶叶产业三产深度融合。推进临沧市茶叶博物馆和茶叶特色小镇建设，推进茶叶庄园、茶叶主题公园、名茶山、古树茶村庄建设。

七要推进茶业投融资方式创新，助推新型工业化。投入引导资金，引入合作伙伴，成立茶叶产业投资基金，重点用于推进茶叶产业园区、产业供应链、茶叶博物馆、茶叶特色小镇建设及培育扶持企业。

2019年全市茶叶种植面积达155万亩，采摘面积达145万亩，产量14.2万吨，产值219.8亿元。茶叶种植覆盖全市8县（区）、77个乡镇、852个村，种植户共有33.22万户、140万人。已带动建档立卡贫困户近 8 万户，28 万人实现脱贫。茶叶种植户人均茶叶年收入 3571 元。

3. 巩固核桃产业

临沧市核桃产业发展虽然取得了显著成绩，特别是在资源总量上抢占了时机，获得了优势，但在效益和质量方面的问题也逐步凸显。主要表现在六个方面：一是部分核桃树因为管护问题、品种问题等原因，挂果较晚、挂果量少；二是科技支撑薄弱，科技服务体系缺失，种植农户缺乏实用的抚育管护常识和技能，很大一部分种植农户处于靠天吃饭的状态；三是配套基础设施建设严重滞后，基地标准化、产业化建设水平低；四是林下配套种植不科学，林地综合利用率不高，农民缺乏短期收益，影响抚育管护的积极性；五是产品与市场脱节，一流的原料，二流的加工，三流的市场，工业产值占比小，"大资源、小产业、低效益"现象突出；六是资金投入不足，核桃产业提质增效任务重，需要进行低产低效核桃树改造 100 余万亩，按每亩投入 200 元计，需资金 2 亿元以上，但上级每年安排的核桃产业发展资金不足 1000 万元，远不能满足产业发展需要。要巩固核桃产业发展成效，应从以下七方面入手。

一要强化科技支撑。按照"调整优化品种、加强综合管理、陡坡逐年垒台、树盘覆盖改土、林下科学套种、适时整形修剪、适度移密补稀、成熟统一采收"八大核桃园建设技术规范，采取层层开展技术培训、以会代训、发放技术手册、播放电视专题片等形式，加大技术推广和乡土人才培训力度，达到每个核桃、坚果种植户有一名管护技术的"明白人"。

二要推广科学合理的林下套种模式。积极探索林药、林菜、林茶、林果、林粮、林下养殖等林下产业配套模式，重点推广"核桃＋魔芋""核桃＋木本蔬菜""核桃＋药材"等套种模式，形成以短养长、以耕促抚的良好格局，提高林地综合产值，助推农民增收致富。

三要建立规范高效运转的产业合作组织。把建立产业专业合作社作为核桃提质增效的一个重点内容来抓。按照"有基地、有章程、有设备、有加工、有农户参与、有互助互促的管护约束机制"的要求，不断发展壮大核桃产业基层合作社，探索完善科学有效的经营机制，建立"公司＋合作社＋农户＋基地＋市场"模式及利益联结机制，按照"六统一"（即统一种植、统一管理、统一培训、统一采收、统一加工、统一销售）规范运转，全面提高核桃产业发展的组织化程度。

四要建立信息畅通的产品销售交易平台。把信息化交易平台建设作为解决农民市场需求信息不灵、资源闲置、原料贱卖、种植农户抗风险能力弱的关键环节来抓。各级政府及职能部门以专业合作社为载体，当好"红娘"，做好中介，积极引导精深加工企业、大型超市、农产品收储销售公司等直接与合作社联盟，减少中间环节，形成信息共享、互惠互利的机制。同时，把核桃产品信息及时通过政府信息网站发布，搭建起农企联盟、产品与市场连接的信息平台和信息化网络营销平台，促进产业化建设，保证种植农民的利益。

五要培育一批带动能力强的龙头企业。把引进、扶持、培育龙头企业作为核桃产业化经营的关键措施来抓，制定一系列优惠扶持政策，积极引进一批资金雄厚、技术先进的加工生产企业落户临沧，研发核桃系列产品深度开发，延伸产业链，增加产品附加值。

六要建立相对完善的基础设施配套机制。实行"政府引导、部门协作、职能挂钩、责任细化、项目整合、合力推进"的责任制，积极整合交通、水利、扶贫、国土、电力等部门项目资金集中投入，保障核桃产业基地用水、用电、道路等配套基础设施建设，打造集约化、高效化、立体化、庄园化核桃基地建设模式。

七要打造临沧核桃知名品牌。以凤庆县"中国核桃之乡"为依托，以各种媒体为载体，加大临沧核桃对外宣传力度，提高临沧核桃的知名度。把"中国核桃之乡"作为各级政府门户网站的主要标识，强化核桃产业的宣传效应。以企业为依托，加大核桃为主题的公益性、商品性广告力度，增强发展核桃产业的感染力。组织开展核桃产业发展论坛、核桃产品交易会、核桃美食大赛等活动，邀请国内外知名企业到临沧参观、交流，扩大宣传。进一步发掘"临沧核桃"质量的优良性，组织开展"临沧核桃"地理标志证明商标注册和生产技术、产品质量标准的制定工作，打造"临沧核桃"知名品牌。

2019 年底，全市核桃面积 800.39 万亩，投产面积 610 万亩，产量 40 万吨，产值 51 亿元。核桃种植覆盖全市 8 县（区）、77 个乡镇、886 个村，共有 25.65 万种植户、100.04 万人。目前，带动建档立卡贫困户 8 万多户，32 万人实现脱贫，人均产值 3200 元。

4. 加快发展临沧澳洲坚果产业

临沧最适宜澳洲坚果生长的地区是低海拔河谷地区，主要以沧源、耿马、双江、云县部分乡镇为重点，澜沧江、南汀河、小黑江等流域海拔 1300 米以下的区域，约 1100 万亩。按照因地制宜和可持续发展的原则，把发展临沧澳洲坚果产业作为"三线"生态产业化修复治理及群众脱贫攻坚的主推产业，突出南汀河一线、澜沧江一线、边境一线及建档立卡贫困地区等重点区域。但在实践中存在着一些困难。

一是种植管理精细化不够，后期抚育管护任务艰巨。由于推进速度快，种植面积大，早期种植的坚果品种混杂。加之种植农户传统耕作习惯养成，科技意识不强，重造轻管现象突出，基地标准化建设水平低，苗木后期长势不好，后期抚育管护的任务十分艰巨。

二是投入不足，配套基础设施建设滞后。临沧澳洲坚果适宜种植区域主要分布在山区、半山区的低热河谷地带，坡度较大、土壤瘠薄、交通及肥水条件较差，种植管理投入相对较高。由于项目资金少，单位投资低，加之各级财政困难，配套投入有限，道路、灌溉、防风、防虫等基础设施不配套，基地建设起点较低。

三是人才缺乏，科技支撑水平不高。临沧澳洲坚果是国外引进树种，种植管理技术是一项全新的课题，专业技术人才缺乏。特别是良种繁育、丰产栽培、抚育管护、品种改良、整形修剪、病虫害防治等关键技术人才较少。加之科研机构不健全、科技投入少，缺乏强有力的科技支撑平台。

四是龙头带动不强，企业发展活力不足。一方面，全市引进的上规模产品加工企业较少，高端产品研发不足，产品附加值不高，产业发展活力不充沛。另一方面，企业与农户"风险共担利益共享、互助协作、联动发展"的机制尚未形成，合同林业、订单生产、保底价收购等模式没有真正建立起来，造成原料收购市场较为混乱，提前采收、不按规范进行加工处理等现象突出，致使不成熟的皱瘪果、变质果混杂，既造成加工企业原料缺乏，又影响澳洲坚果产品质量。

在下一步工作中，将紧扣打好打造世界一流的"绿色能源牌""绿色食品牌""健康生活目的地牌"的绿色"三张牌"要求，坚定不移地走开放型、创新型和高端化、信息化、绿色化发展路子，以效益为核心，以市场为导向，以企业为带动，以品牌为突破，以资金为纽带，以科技为支撑，瞄准世界第一的目标，加快推进临沧澳洲坚果产业高效发展。重点在以下四个方面求突破。

一是在科学规划上求突破。将发展临沧澳洲坚果产业作为实施乡村振兴战略和脱贫攻坚工作的重要抓手，对全市临沧澳洲坚果适宜区的土地利用情况进行摸底调查，全面掌握适宜土地可利用面积，科学合理布局临沧澳洲坚果产业发展。同时，严格按照规划布局，分步实施，有序推进，在充分尊重群众意愿的基础上，选择水肥条件较好，交通、水利设施相对配套的地块进行连片规模种植，切实提高临沧澳洲坚果产业的质量和效益。

二是在科技服务支撑方面求突破。建立完善由科技、林业、农业、质监、扶贫、工信等部门组成的坚果科技推广服务体系，引进专业人才，强化队伍建设，加大科研力度，强化科技服务，重点解决好临沧澳洲坚果在良种选育、繁育、标准化管护、规范性采摘、标准化生产、经营技术推广、品种改良、病虫害防治等方面的问题，为坚果基地的标准化、规范化、产业化管理提供必要的技术支持和服务，提高坚果基地的管护水平。

三是在创新投入机制上求突破。把澳洲坚果产业作为推进临沧高原特色产业发展的重要产业，市、县级财政在资金和项目上给予重点扶持。整合有关部门的项目和资金，切实加大临沧澳洲坚果基地基础设施建设的投入力度。积极引导和扶持企业、专业合作社、种植大户、农户以多形式、多渠道的投入方式参与产业开发，努力形成政府引导、市场化运作、龙头企业带动、林农积极参与、部门配套政策服务的发展模式，多方筹资、整合资源，合力推进临沧澳洲坚果产业持续健康发展。

四是在培育企业上求突破。把引进扶持、培育龙头企业作为林产业发展的关键措施来抓，积极引进一批资金雄厚、技术先进的加工生产企业落户临沧，并在政策上予以重点扶持，营造良好的发展环境，确保龙头企业引得进、留得住、能发展，切实解决澳洲坚果产业发展的后顾之忧。积极引导企业与种植户真正形成"风险共担、利益共享、互利互惠、共同发展"的经济共同体。强化产品精深加工和品牌创建，激发加工企业的创新发展动能，推动企业走质量型、效益型、低碳型和品牌化、集约化发展之路，开发"临系"品牌，打造"临系"产品，提高临沧澳洲坚果的知名度和市场占有率。目前，全球澳洲坚果种植面积约为436万亩，临沧就达227.89万亩，约占全球种植面积的52%，临沧澳洲坚果产业在全球澳洲坚果产业中占据举足轻重的地位。

2017年4月12日制定出台了《中共临沧市委　临沧市人民政府关于加快推进澳洲坚果产业发展的实施意见》，提出"瞄准世界第一，到2018年，建成澳洲坚果基地面积260万亩以上，总产量达2万吨以上，总产值达5亿元以上；到2020年，澳洲坚果壳果总产量达10万吨以上，总产值达30亿元以上；全市澳洲坚果稳产后，壳果总产量达50万吨以上，总产值达150亿元以上"的宏伟目标。

至2019年底，全市澳洲坚果种植面积达262.77万亩，挂果面积40万亩，产量3万吨，产值15亿元。澳洲坚果种植覆盖全市8县（区）、71个乡镇、564个村，共有种植户18万多户、51万人。目前，带动建档立卡贫困户6万多户，24万人实现脱贫，临沧澳洲坚果种植户人均产值2941元。

（三）临沧产业发展的综合效应

1. 生态不断得到修复

临沧山高坡陡，江河切割，一山分四季，十里不同天。从河谷到山顶布有三个气候带，在以粮为纲的时代，生态受到严重破坏，江河两岸水土流失，加上后期部分地方毁林种蔗，低效开发，一段时间成为云南省生态较脆弱的州市之一。然而，临沧人痛定思痛，不断深化对市情的认识，持之以恒地抓实四个事关农民吃饭、穿衣、上学、就医、住房的核心产业，也就是人们常说的"一棵甘蔗吃干榨尽"，茶树、核桃树、澳洲坚果树交相辉映。特别是大规模种植核桃、澳洲坚果之后，生态连年得到修复。全市核桃、坚果种植面积迅速突破了1000万亩。图2-1展示了截至2019年临沧8个县（区）茶叶、核桃、坚果的种植情况。随着树木的连年生长，山变绿了，河变清了，农民变富了，曾经受破坏的生态环境得到了全面修复，其生态效益得到空前的显现。

表2-1显示，2013—2019年，城镇常住居民可支配收入、农村常住居民可支配收入都呈现出快速增长的

（万亩）

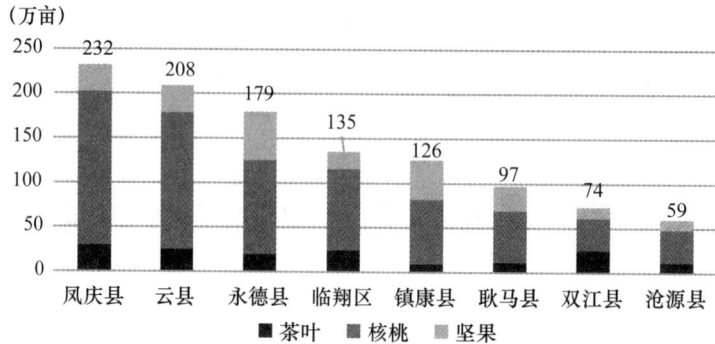

图 2-1　2019 年各县茶叶、核桃、坚果种植面积

趋势。城镇常住居民可支配收入增长 64.96%，增长 11626 元。农村常住居民可支配收入增长了 88.91%，增长 5604 元。更重要的是，在经济增长、人民增收的同时，森林覆盖率也从 2013 年的 62.49% 增长至 2019 年的 68.48%，六年时间增加了近 6 个百分点。临沧的经济发展模式，实现了经济效益与生态效益的双赢。

表 2-1　　2013—2019 年临沧市常住居民可支配收入、森林覆盖率统计

单位：元、%

	2013 年	2014 年	2015 年	2016 年	2017 年	2018 年	2019 年
城镇常住居民可支配收入	17898	19526	21225	23072	25056	27161	29524
农村常住居民可支配收入	6303	7199	8063	8914	9814	10756	11907
森林覆盖率	62.49	63.73	64.69	64.69	65.55	66.72	68.48

注：森林覆盖率计算方法：选用 2015 年后国家森林覆盖率调查统计计算分析方法。

资料来源：云南省林业厅春季调查统计分析结果、国家统计局临沧调查统计队调查数据。

表 2－2 显示，2012—2019 年，从各年各产业产值占农业总产值比重来看，甘蔗产业整体上呈逐步下降趋势，下降了 8.25%；茶叶产业和坚果产业呈增长趋势，茶叶产业优势明显，增速最快，为 6.41%，坚果产业刚刚起步，增速为 1.35%；核桃产业基本稳定，增长 0.05%。四大产业产值比重的变化，说明临沧市产业经济的生态效益开始显现，随着坚果产业挂果面积的增加，这些生态产业产值在农业总产值中的比重会越来越高，生态效益也会越来越好，这与临沧市森林覆盖率变化趋势是一致的。

表 2－2　　　　　　2012—2019 年临沧市四大产业结构

变化情况统计　　　　　　单位：万元、%

年份	农业总产值	甘蔗产值	甘蔗比重	茶叶产值	茶叶比重	核桃产值	核桃比重	坚果产值	坚果比重
2012	1702080	252728	14.85	101428	5.96	219080	12.87	1015	0.06
2013	1999431	260932	13.05	122791	6.14	312474	15.63	1116	0.06
2014	2135686	261654	12.25	153149	7.17	352996	16.53	2491	0.12
2015	2213750	233708	10.56	175310	7.92	377343	17.05	9821	0.44
2016	2412259	215555	8.94	191832	7.95	420120	17.42	7902	0.33
2017	2522766	217012	8.60	226748	8.99	408206	16.18	14681	0.58
2018	2705969	223298	8.25	287075	10.61	423475	15.65	24487	0.90
2019	3230407	213090	6.60	399522	12.37	417387	12.92	45696	1.41
2019 年比 2012 年（单个农产品产值占农业总产值的比重）±%		－8.25		6.41		0.05		1.35	

2. 老百姓收入不断增长

临沧的地貌特征，决定了临沧的产业布局。临沧的气候特征，决定了临沧的产业优势。茶叶 3 年开采，5 年丰产。核桃 5 年初果，8 年盛果，寿命周期可以达百年。澳洲坚果五年挂果，十年盛果，效益周期达 80 年。临沧 2000 年起规模化发展高优茶园，2005 年起全市大干核桃产业，2008 年起强势布局坚果产业。随着树龄逐年增长，挂果率也逐年增加，产量逐年增加，农民收入也逐年递增。到 2019 年，部分山区实现了千元树、万元山，图 2 - 2 展示了 2019 年临沧 8 个县区甘蔗、茶叶、核桃、澳洲坚果四大产业年人均产值的情况。而这一增长惯性还将不断延续。农民有了可持续收入来源，获得感、幸福感得到空前的满足，贫困问题也被彻底解决。

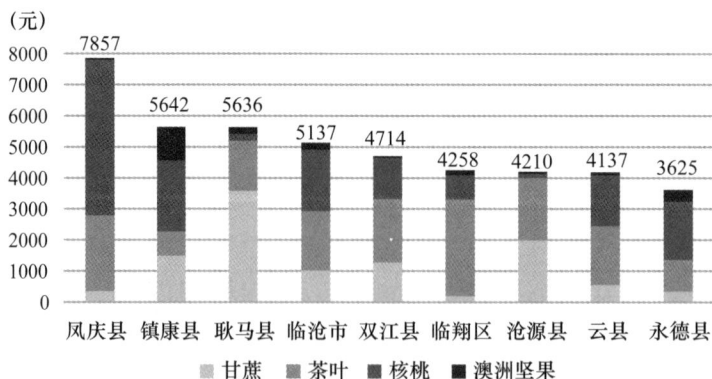

图 2 - 2 2019 年全市及各县甘蔗、茶叶、核桃、

澳洲坚果年人均产值

3. 农民综合技能不断提高

临沧属多民族杂居地区，有 3 个直过民族，受教育程度不高，劳动者素质偏低，是长期制约其发展的主观因素。多年来，临沧各级人民政府通过产业布局，持续不断地抓实劳动者技能培训，通过种甘蔗、种茶、种核桃、种坚果的实地训练，农民迅速地提高了科学技术的应用能力。培训了一大批种植能手，初级工、中级工、高级技工逐年增加，为临沧的产业做大、做强提供了人才支撑。特别是在脱贫攻坚进入最后阶段，也就是澳洲坚果的快速发展阶段，农民能够主动接受和掌握其种植及管理要领，发挥了摆脱贫困的内生动力。由于坚果产业从探索到试验，从示范到推广，用的时间比较长，在精准脱贫过程中起到了不可替代的作用，且现有种植面积已达 260 万亩，占世界澳洲坚果种植面积的 52% 以上，稳居世界第一。

2018 年 10 月 9 日，经国家农业农村部批准，"临沧坚果"荣获中国农产品地理标志认证，"临沧澳洲坚果"正式更名为"临沧坚果"。同年 10 月 17 日至 19 日，第八届国际澳洲坚果大会在临沧成功举办，创造了"四个之最"，实现了"八大成果"。

"四个之最"展示出临沧坚果产业发展得到了世界同行的关注和认可。一是参会国家和地区最多。共有来自全球 27 个国家和地区的嘉宾和代表参加了大会。其中澳大利亚、柬埔寨、缅甸联邦共和国等国家驻华使领馆官员和柬埔寨白马省政府官员也应邀出席了大会。二是参会人员最多。共有 700 余名嘉宾、代表和媒体记者等参加大会，其中国外嘉宾和代表 271 人，国内嘉宾和代表 375 人，媒体记者 54 人，汇集全球澳洲坚果业界知名学者、专家以及商界、企业界的精英。大会邀请到省政府、国家林业和草原局、省林业厅等的重要领导以及澳大利亚驻成都总领事林明浩先生、柬埔寨白马省省长肯·萨达先生、缅甸驻昆明总领事吴梭柏先生等驻华使领馆和政府官员出席大会有关活动。三是发言人最多。邀请了国内外 6 位重量级人物作了大会主旨发言，64 位不同领域的专家、学者、商人、企业代表作了 100 余场次的专题发言。其中澳大利亚、柬埔寨、缅甸等国际友好代表团代表发表了热情洋溢的贺词。云南省原副省长刘京同志带着对澳洲坚果产业的执着情怀和对云南、对临沧的殷切希望作了重要发言，为临沧坚果产业发展建言献策。四是赞助商和参展商最多。积极探索市场化运作的新途径，鼓励社会资金参与办会，与洽洽食品、三只松鼠、云澳达、中国人寿财产保险有限公司、凤庆蒲门茶叶、翁丁酒业等 20 家国内外企业建立合作伙伴关系，以大会礼品和资金等方式支持办会。共有 140 家国内外企业参与商务会展。

"八大成果"充分展示了临沧坚果产业发展科技支撑体系已经初步形成。一是成立了国际澳洲坚果大会委员会，并将秘书处永久设立在临沧。委员会由云南坚果行业协会、澳大利亚坚果协会、南非澳洲坚果种植者协会、巴西坚果协会、越南坚果协会5个主要主产国家协会发起，各参会国积极响应。目前，肯尼亚和夏威夷两个协会也已正式提出书面申请加入国际澳洲坚果大会委员会。国际澳洲坚果大会委员会秘书处设在临沧，对临沧坚果产业的发展具有里程碑式的意义，标志着临沧坚果已正式迈上国际化、品牌化、产业化的新征程。

二是组建了国际澳洲坚果研发中心。由云南坚果行业协会、澳大利亚坚果协会、南非澳洲坚果种植者协会联合发起，依托临沧国家坚果类重点实验室以及临沧坚果智能化管理大数据平台，正式组建了国际澳洲坚果研发中心，并已挂牌运行，目前研发中心已为全球业界44名首批专家颁发了聘书。国际澳洲坚果研发中心的组建为临沧市掌控坚果科技研发制高点、打造国际化坚果硅谷奠定了重要基础。

三是建成了国际先进水平和中国唯一的国家坚果类检测重点实验室。投资6000余万元的国家坚果类检测重点实验室，配有高效液相色谱仪等200多套先进检验检测设备，拥有高、中、初级专业技术科研人才，填补了坚果类检测领域空白，是未来临沧农产品科技研发的重要平台。

四是建成了临沧坚果智能化管理系统及大数据平台。依托临沧智慧林业平台，利用国内首创远红外智能信息系统科技成果，建成坚果远红外线智能管理系统及大数据平台，标志着临沧坚果果园管理、生态环境监测、病虫害监测防治、产量质量监测等环节已具备智能化管理基础。大会期间进行了展示，受到国内外嘉宾的好评。

五是临沧坚果荣获中国农产品地理标志认证。通过近两年的努力，临沧市申报的"临沧坚果"通过了国家农业农村部登记，获得国家农产品地理标志登记认证。临沧坚果从此有了自己的"国字号"名片，这对临沧坚果品牌打造、贸易流通、市场营销等将发挥巨大作用。

六是临沧坚果获得了标准化质量管控体系欧盟认证。建立了临沧坚果标准化质量管控体系，有1个协会和2家种植户的坚果标杆基地通过了全球良好生态农业认证（前身为欧盟认证）。

七是制定发布了10部临沧坚果地方标准。制定并发布了临沧坚果良种苗木培育、嫁接苗、丰产栽培、高接换种、主要有害生物防治、肥料与农药使用、果实采收与采后处理、鲜果收购质量要求、带壳果、果仁 10 部地方标准。地方标准的发布，标志着"临沧坚果"产业发展已经迈出了标准化生产加工和经营管理的步伐。

八是建立了国际合作机制。建立了国际澳洲坚果大会委员会议事机制，确定每年 11 月在临沧召开一次委员会，对当年全球澳洲坚果产业发展情况、趋势以及存在问题，进行深度研究和探讨。大会期间，与柬埔寨、澳大利亚、缅甸等国家代表团进行了友好会谈，取得了一系列成果。临沧市与柬埔寨王国白马省建立了友好城市，并签订了缔结友好城市意向书，充分展示了临沧对外开放的新形象，为临沧加快与国际交流打下了良好的基础。

临沧坚果作为临沧市最后一个带领人民群众脱贫致富的规模产业，自 1991 年引种试种，2002 年作为生态修复树推广，2012 年在全市作为经济产业迅速布局，每十年上一个台阶，未来临沧坚果将有无穷的潜力。本书将临沧坚果产业的选择与发展作为关键章节和重要案例，用大量文字及图片加以明确说明。

三　临沧坚果产业发展实例

（一）为什么选择临沧坚果产业？

1. 选择临沧坚果产业有什么优势和基础

（1）临沧具有独特的自然环境和适宜的气候条件

临沧独特的自然环境适宜种植临沧坚果。临沧区域内土壤基本状况因不同海拔段呈不同的横向地带状分布，海拔在800米以下的地带为砖红壤，800—1200米的地带为赤红壤，1200—2200米的地带为红壤，2200米以上为黄壤、黄棕壤。当前种植临沧坚果地带的海拔主要在800—1300米，少量地区已发展到1600米，在1700多米的地带种植数株也有挂果和保果都正常的情况。这些地带的土壤pH值都属于5.5左右的弱酸性；土壤质地状况一般在沙壤和团粒形重壤之间，具有耕作层深厚而疏松、保水性和通透性较好的特点，非常适宜临沧坚果的生长。

临沧气候条件适宜临沧坚果生长。临沧属于热带、亚热带低纬度高原山地季风气候地区，由于海拔高低悬殊，立体气候十分明显，具有以亚热带为主，热带和温带气候共存，冬暖夏凉，雨热同季，干湿分明，无霜期长，年温差小的特点。

临沧坚果要生长好、挂果好、获得丰产，对环境条件的需求有：温度在13℃和32℃之间，其中在20℃至25℃之间生长最好；年降雨量不少于1000毫米，且应在夏季为主；临沧坚果在各类土壤均能生长，商业性常规栽培，一般要求土层深度达0.5—1.0米，土壤疏松，排水良好，土壤pH值在4.5至5.5之间生长最好；云南省内在海拔137—1980米范围内都能正常生长开花结果，其中在800—1400米最好；临沧坚果挂果植株在平均风力超过9级，阵风达11级的地区都会因风害而造成树体摇动、倾斜、倒伏、根系受损、果实大量脱落等，受风害后的果园原株较为难以恢复生产。临沧全年基本无大风、强风、台风，适宜临沧坚果树的生长、挂果，获得优质高产。

（2）种植临沧坚果适宜劳动者现有素质

临沧市人民群众整体受教育程度虽然不高，生产劳动中专业技能培训也跟不上，大多数群众只能从事劳动密集型产业，农业专业化程度不高。但换角度看，由于临沧以山区为主，大部分群众生活在山区，山区以林业相关劳动为主，与生俱来就具备一定林业相关的知识和技术，比如传统产业的茶叶种植、核桃种植的技术，大多数劳动者已经具备初步的专业技能和基本知识，只要在劳动实践中不断进行技术指导和培训，通过一段时间的积累，绝大部分劳动者的劳动技术是可以提升的。临沧坚果就是典型的林业，初步种植临沧坚果不需要太多的理论知识，劳动者只需要具备一定的林业知识，就可以基本完成坚果树简单的种植和管理。种植坚果初步所需要的基本知识和技术，临沧市大部分山区民众实际都已经具备，种植临沧坚果完全适宜劳动者现有素质。后期种植过程中需要更多的知识和更高的技术，劳动者可以在种植过程中不断积累，通过科研人员和专业技术人员的积极指导和教育培训，技术技能可以快速提升，达到各阶段对劳动者素质的要求。

（3）临沧坚果市场前景好，潜力巨大

①全球坚果种植面积有限，坚果市场不易饱和

第一，种植面积。全球澳洲坚果主要在北纬 34 度至南纬 30 度之间，涉及 20 多个国家和地区，主产国为中国、南非、澳大利亚、肯尼亚、危地马拉和美国等。2017 年全球澳洲坚果种植面积约为 436 万亩，其中，中国 282 万亩，南非 42.8 万亩，澳大利亚 31.5 万亩，肯尼亚 28.41 万亩，危地马拉 18 万亩，美国 12.24 万亩，

巴西 10.2 万亩，马拉维 9.9 万亩。2012—2017 年全球澳洲坚果种植面积从 154 万亩增加至 436 万亩，年均增幅为 36%。2008—2017 年中国临沧坚果种植面积从 13.23 万亩增加到 282 万亩，年均增长 16%，是世界上澳洲坚果种植面积增长最快的地区。中国临沧坚果种植区域主要分布在云南、广西、贵州和四川，云南省是我国最大的临沧坚果种植省份，全省有临沧、德宏、西双版纳、普洱、保山、红河、文山、怒江 8 个州（市）种植，总面积达 262 万亩，占全球澳洲坚果种植总面积的 60.1%，而临沧的种植面积就占全球 52% 以上。

第二，坚果产量。2017 年全球澳洲坚果壳果产量为 19.1784 万吨，同比增长 60%。其中澳大利亚 5.4372 万吨为世界第一生产国，南非 5.3174 万吨，肯尼亚 3.3928 万吨，美国 1.3489 万吨，危地马拉 0.78 万吨，马拉维 0.69 万吨，巴西 0.5 万吨。2012—2017 年，中国临沧坚果产量从 0.1973 万吨增至 1.72 万吨，居世第 4 位，占比 9%。云南产量 1.6 万吨，约占全国总产量的 92%。

②坚果价格可以维持稳定，市场潜力巨大

第一，坚果市场需求量巨大。据 FAQ 预测，目前世界澳洲坚果需求量在 50 万吨以上，供应量却只有 19.1784 万吨，在今后很长的一段时间国际市场总体仍然是供不应求。随着国内外对临沧坚果功能性成分的研究，各类媒体对临沧坚果宣传力度加大，人们对临沧坚果的营养和保健价值认识进一步深入，将促进临沧坚果的消费。中国国内对临沧坚果的消费越来越处于供不应求的状态，2012—2017 年，中国对临沧坚果的消费从 1294 吨上涨到 16311 吨，增长 11.6 倍。2014 年 4 月到 2015 年 3 月，中国对临沧坚果的消费（MAT）增长 493%。2016 年底，中国市场占据临沧坚果全球销售市场的 32%，成为亚洲乃至全球最大的临沧坚果消费国。目前中国市场对于临沧坚果的消费只是刚刚起步，随着人们饮食习惯和消费习惯的养成，临沧坚果的需求量将逐年升高，产业前景广阔。同时，国外对临沧坚果的需求量也在逐年增加。

第二，电商发展迅猛，推进临沧坚果产品消费需求。随着"80 后""90 后"成为临沧坚果消费的主体人群，通过互联网购买坚果方便快捷，深得该消费群体的喜爱。坚果行业的快速发展在电商管道体现最明显。坚果仁类在阿里巴巴的在线发展增速高于中国整体电商增长，2016 年 1 月到 7 月，天猫坚果类销量排名显示，前三名为临沧坚果、松子、碧根果，其中临沧坚果最受青睐。在线坚果消费主要群体集中在华东地区，华北、华南以及西南地区的发展空间巨大，随着二三线城市的进一步扩张，坚果电商的渗透率有望得到进一步的提升。高端坚果的主要销售地区则是集中在华东地区的一二线城市，随着各大坚果电商品牌不断地自我提升和改变，高端坚果也会逐步走进全国的三四线城市，拥有更广阔的销售面。

第三，市场对高质量和产品多元化的需求，精深加工占比增加。目前我国临沧坚果以初级加工为主，加工产品包括开口壳果产品（开口笑）、果仁、临沧坚果油等，以开口壳果产品为主。随着世界临沧坚果种植面积的加大和产量的增加，未来市场的竞争力将很大程度上取决于科技发展水平。为在未来市场中占据主导地位，各主产国对新品种选育、栽培技术、加工技术、机械化和信息化等方面的研发越来越重视。单一的坚果产品已不能满足人们日益增长的美食需要，多层次、新形式、高标准的深加工是临沧坚果产品产业发展的必然趋势。

第四，临沧坚果质量优良，品牌影响度潜力巨大。临沧坚果外壳油润、果仁饱满、味美可口、营养丰富、绿色天然，是坚果中不可多得的上乘佳品。临沧坚果每100克果仁的12项营养成分多项指标高于国际标准，其中热量3079千焦，比国际标准3011千焦高出68千焦；蛋白质8.7克，比国际标准8克高出0.7克；单不饱和脂肪酸63克，比国际标准59克高4克；多不饱和脂肪酸2克，比国际标准1.5克高0.5克；碳水化合物17.4克，比国际标准13克高4.4克；膳食纤维 14.8 克，比国际标准 8 克高 6.8 克；饱和脂肪酸 11.4 克，比国际标准 12 克低 0.6 克；胆固醇含量为 0。临沧坚果优良而独特的品质，将逐步被国内外消费者认同和喜爱，具有广阔的市场前景。

（4）可以获得国家和省级的政策支持

①可以获得云南省"18 工程"政策支持

1995 年云南省实施了"18 工程"，是从广度和深度上对本省优势生物资源进行开发的重大步骤。"18 工程"以开发优势生物资源为依托，以国内外市场为导向，以科学技术成果产业化为基本途径，以市场加政府的运行机制，以公司加农户为主要经营形式，以多渠道筹措资金和利用外资为重要方面。通过"18 工程"，可以创立经济与科技相结合发展新产业的机制；建立贸、工、农相结合开发生物资源的新模式，探索开发云南省优势生物资源的新模式；充分利用世界先进技术、利用国外资金，加快云南生物资源开发的速度；寻求实现三个效益相统一的有效途径，必须坚持经济效益、社会效益、生态效益相统一；选定一批市场潜力大、带动面广、产品科技含量和附加值高，具有良好效益的种植业、养殖业以及对生物资源进行深加工、精加工和外向型的骨干项目，形成优质产业群和创汇支柱。

"18 工程"为临沧这样以山区为主的边疆民族贫困

地区，走依托产业发展脱贫致富的道路提供了平台。入选"18工程"必须具备几个基本条件：一是有较大的市场容量，产品在国内外具有广阔的市场前景；二是同时具备经济、社会、生态三个效益；三是能够达到一定的产业规模；四是产业链要比较长，开发一个项目带动一片产业，从基地建设开始，实行种养、加工、销售一条龙；五是有一定的科技含量，项目本身的选定要注重科技含量，通过项目的实施把科技转化为直接的生产力；六是必须有一个或几个较有力的企业作为项目的龙头。这些具体条件，为未来临沧坚果产业布局指明了发展方向，提出了发展思路和实践路径。进入"18工程"的产业，可以在政策、资金、土地、招商等多方面获得省政府的支持，从而为产业发展铺平道路。

②国家退耕还林政策的历史机遇

2002年1月10日，国务院西部开发办公室确定全面启动退耕还林工程。同年4月11日，国务院发出《关于进一步完善退耕还林政策措施的若干意见》。退耕还林从保护和改善生态环境出发，将易造成水土流失的坡耕地有计划、有步骤地停止耕种，按照适地适树的原则，因地制宜地植树造林，恢复森林植被。国家实行退耕还林资金和粮食补贴制度，按照核定的退耕地还林面积，在一定期限内无偿向退耕还林者提供适当的补助粮食、种苗造林费和现金（生活费）补助。

临沧中低海拔地区和低热河谷地区，没有大规模布局经济产业，还存在大面积的甘蔗次种植区、茶叶产业经济低收益区。临沧市抓住国家退耕还林政策，在低热河谷尚未大规模布局经济产业、大面积低产蔗区和茶叶低收益区进行退耕还林，合理协调优化产业布局，促进了生态环境的快速修复，获得了国家退耕还林政策资金支持，人民群众将获得更高的生态产业经济的长期收益。

（5）临沧坚果可以实现经济效益和生态效益双赢

临沧坚果这一树种的生物特性决定了它首先适宜作为生态修复树。临沧坚果根为须根系，主根不发达，侧根庞大，根系分布较浅，固土、固碳、保水效果明显。叶子在小枝上，2—4叶轮生的近椭圆形、长椭圆形、宽椭圆形，大多叶缘波状，有的呈尖锐锯齿，齿尖有刺，树叶常绿、不落叶，适合作为绿化树和寻道树。树叶的气孔集中在叶片背面，叶片为革质，且叶片具有很厚的栅栏组织使叶片变得很坚硬，使得临沧坚果树具有相对较强的抗旱和抗寒能力，非常适宜在无水或少水的干旱区域种植。坚果树对土壤要求不高，甚至喀斯特地貌也能存活，非常适宜在临沧作为生态修复树进行大规模种植。临沧坚果树与阔叶纯林森林相比生态效益持平，是名副其实的生态树。

从经济效益来看，临沧坚果幼时生态价值超过经济价值，是非常好的生态树，而中后期其生态价值与经济价值等值。坚果种植后，一般 3—5 年产出，初产产量大约 10 千克；8—10 年进入丰产期，产量可达 30 千克。经济寿命一般可达 80 余年，世界上最早人工驯化的坚果树，产果已经超过 120 年。临沧坚果产业一旦建成，其收益可惠及三代，是低热地区巩固和稳定脱贫成果，实现长效脱贫最好的支撑产业之一，是生态与产业双赢的新兴事业。

2. 确定发展临沧坚果产业的过程

（1）临沧坚果产业的提出

临沧坚果是舶来品，生于澳洲，成名于夏威夷（夏威夷果），未来在临沧。一个在当时从未接触过的坚果品种是怎么出现、怎么落户在临沧的呢？临沧市原主官为我们揭开了谜团。

临沧市临沧坚果产业的提出，要特别感谢云南省原省长和志强。1995 年，当时省里开会，和志强提出，云南是有色金属王国、动物王国和植物王国，但云南只有烟草一家独大，结合云南植物王国的特色，提出发展 18 种生物资源工程，当时省里就成立了"18 生物工程办公室"。在 18 种生物资源中，有一种是澳洲坚果，而澳洲坚果就是由和志强省长提出来的，如果和省长不提出来，当时没有人知道澳洲坚果。

　　临沧坚果当时重点在德宏，已经开始试种，得到西双版纳热带作物研究所的支持。坚果树一株苗 15 元，市场潜力也大，但没有试种成功的实证来支持。省政府刚好换届，临沧坚果的事情暂时就没有再提。后来临沧市综合考虑临沧的地理区位、地形地貌、自然环境和气候条件，认定临沧坚果至少可以作为临沧生态修复的主要树种，觉得临沧坚果有几个好处，一是生命力强，二是四季常绿，三是能结点果子。他们认为，生态修复，如果让老百姓种成绿化树，山绿了，几年后就产出了，哪怕一株树 10 元钱，一亩 20 株，也是 200 元。如果种其他树就是倒贴钱，种这个树还可以赚点钱。比较后觉得不要轻言放弃，值得一试。省里听了汇报，觉得也有道理，表示既然临沧愿意试，那就试试。该提议最终获得省政府支持，同意临沧市将"18 工程"中的茶叶、核桃和临沧坚果作为主要发展产业。

　　临沧为什么不轻言放弃呢？原来，永德有一片坚果树，不知道是哪个人种的，既然永德能栽活，说明临沧地区都有可能栽活。后来经省政府同意，允许用退耕还林资金试种。正因为临沧已经有了成功的实例，低海拔地区也可以种，省政府也才允许保留项目。

　　当时请了陈榆秀来，她在省外办工作，还很年轻，对临沧坚果情有独钟，很有兴趣。又请了临沧帮马地区的一个老师，在孟定办了试种点。在试种的过程中又发现了一片 50 多亩人工种植的坚果林，是这个地方水电局的副局长，在孟定承包了一块地，已经出果了。就这样，先有很久前的前辈少量试种成功，后来水电局的副局长又种成了一片，有了两个成功试种实证，临沧就下决心种坚果树了。

（2）临沧坚果试种成功的例证

1991 年，云南省热区办和农垦总局从广东湛江南亚所引进 H2、Own、Choice、HAES246、333、344、508、660、741 共计 9 个临沧坚果优良品种，永德县"18 生物产业办公室"共引进 267 株临沧坚果嫁接苗，永康镇人民政府企业办段国辉、钟红新等人带领李俊培在海拔 820 米的临沧地区永德县永康镇勐底办事处红旗山进行云南省第一批临沧坚果引种，试种获得成功。均进入盛果期，产量高、质量好、抗逆性强，平均单株壳果产量达 25 公斤，最高的达 70 公斤。

1994 年，云南省热带作物科学研究所王正国、张汝两位专家对河口坝洒、潞西遮放、永德勐底、思茅热校、大渡岗、勐养、勐海、省热带作物研究所等临沧坚果引种试验基地进行调研，形成《澳洲坚果的发展现状及其在云南的开发前景》专题调研报告，详细阐述了临沧地区永德县永康镇勐底办事处红旗山临沧坚果引种试验、试种情况，种植 2 年，树高达到 1.94 米，年均增长 0.97 米，树围 12.3 厘米，年均增长

6.15 厘米，嫁接苗长势良好，试种获得成功。据专家分析，永德县热区属以南亚热带为主的低纬山地季风气候，太阳辐射强，光能充足、光质好，同时因海拔高（大部分地区海拔在 800—1400 米），气温日较差大，白天温度适中利于光合作用，晚间凉爽又利于同化物资积累和花芽分化，较适宜种植临沧坚果。同时，雨量充足，雨势均匀，特别是在临沧坚果开花期（12 月至次年 3 月），晚间凉爽，无阴雨天气，极利于花芽分化和昆虫授粉、稳实，临沧坚果可实现优质高产，可以在县域热区推广种植。

（二）如何发展临沧坚果产业

1. 试点先行，谨慎推广

（1）乡（镇）级小规模种植

临沧坚果虽然已经确定为临沧重点发展产业，云南省热带作物科学研究所通过调研分析，认为可以在县域热区推广种植，但临沧并没有马上在县级层面推广种植，而是经历了数年时间，各县在乡（镇）、村一级的社区域种植。试点先行，谨慎推广，是临沧产业稳步发展的重要经验。

1991 年坚果试种成功后，1995—1997 年，永德县人民政府在永康镇送吐、忙捞，先期进行了小规模推广种植。1998 年，县"18 办"在永康镇忙捞村南胖组连片种植 600 亩，主要种植 H2、246、344、600、741、OC、800、广 11 共 8 个品种；2002 年，依托退耕还林项目在永德县大雪山乡规模化种植，主要为 OC、741、344、660、294、788、800、H2 共 8 个品种；2010 年永德县安排部署，把临沧坚果作为主要产业进行规模化广泛种植，主要种植 OC、H2、344、788、A4、A16、广 1、695、900、660、246、508、800、741 共 14 个品种。2002 年依托退耕还林项目，在永德县大雪山乡规模化种植了 1 万亩。经过多年不断扩大规模试种种植，直到 2010 年，永德县才把临沧坚果作为主要产业进行大规模种植。2013 年以来，永德县以位于大雪山、崇岗、大山、永康、德党的"八个示范园区"和大雪山、崇岗"百里坚果长廊"为重点，全县规划在 9 个乡镇和 2 个国营林场，海拔 1400 米以下区域布局临沧坚果产业。同年，永德县被中国经济林协会命名为"中国澳洲坚果之乡"。

（2）县级政府推广

2008 年，正当临沧市热火朝天地在全市大种核桃、发展核桃产业的时候，云县已经悄悄开始以县为单位，大面积推广种植临沧坚果。云县原办公室主任吴永遴向笔者讲述了当时"一夜之间就把全省坚果苗种在云县大地上"的故事。

按照临沧市产业整体发展规划，云县开始大面积布局核桃产业，适宜种植核桃的中高海拔地区全部种上核桃，高海拔地区则种植木瓜。中低海拔地区发展什么产业就是个难题了。后来仔细研究临沧坚果后，知道临沧坚果可以在陡坡种植，有水最好，没有水也行。坚果耐旱，对云县是最好的一种树了。吴永逵是林业局局长，但对坚果也不了解，只有到处找老师。政府在全省范围内去找树苗，迅速找到西双版纳热带作物研究所。研究所工作人员很热情，他们有二三十个坚果品种，种植 5000 亩。有个老师说，坚果选地相当讲究，比较单一，在甲地适宜，到乙地不一定适宜，哪一个品种好，热带作物研究所不好下结论。此外，保山潞江坝有个水库管理所，关于临沧坚果在那里学到了更多。这个所有 500 亩坚果地，说种什么品种都不怕，哪个品种更适宜，等长大后再改造就行了。他们的 500 亩改造结束都非常好。之后吴永逵他们在西双版纳拿到了好多苗。当时全省所有能够调动的苗都调动完了，到后期，这些苗的价格从五六元涨到了十多元。云县正是由于这个项目的启动，在全县带来了种植坚果的热潮。

再加上企业家陈榆秀在镇康县的坚果产业实践，到现在已经成规模，临沧已经是世界第一的面积，而且看得见摸得到，解决老百姓的收益问题，解决了临沧海拔低中高的产业布局问题。核桃在中海拔地区，产量上去了，虽然受市场影响效益有降，但收益也不低。临沧坚果从老百姓不认识，到实践种植，又到扩大规模种植，现在进入高收入高潮，形成三个节点。吴永逵认为在临沧真正要脱贫攻坚，只是盖房子是不行的，要解决持续增收问题。就像买车子一样，只买车子，没有维护费用是不行的。通过三个阶段，临沧现在有 260 万亩临沧坚果，再过几年产量就是世界第一，到这种规模的时候就有价格话语权了。一旦争得定价的话语权，就是最大的优势。吴永逵认为，要保证坚果质量，要强化培训，要从好做到精，才可以产生话语权。

2. 用心用情，顺势而为

（1）临沧坚果作为生态修复树写入政府档

2003 年 10 月 8 日《临沧地区关于实施青山绿水工程建设的决定》提出，到 2020 年临沧的森林覆盖率目标达到 55%，基地建设中要种植 10 万亩临沧坚果。2010 年 5 月 22 日，《中共临沧市委 临沧市人民政府关于加快林业发展的决定》中，把临沧坚果与茶叶、核桃等一起列为未来临沧的十大产业。2013 年 7 月 9 日，《中共临沧市委 临沧市人民政府关于建设森林临沧的决定》中提出，实行临沧坚果基地套种咖啡，发展庄园经济。这些政府文件都明确把临沧坚果作为生态修复树来进行推广种植。

2002年以来，全市实现退耕还林484.53万亩，其中，前一轮退耕还林208.8万亩，巩固退耕还林成果林业项目161.4万亩，新一轮耕地退耕还林114.33万亩，工程建设覆盖所有的县乡村。当时作为生态树的临沧坚果，现在已经体现出丰厚的经济价值。

（2）将临沧坚果作为经济树写入政府规划，统筹全市坚果产业发展

随着临沧坚果产业发展规模不断扩大，生态效益和经济效益不断显现。2017年4月12日，临沧市出台《关于加快推进临沧坚果产业发展的实施意见》（以下简称《意见》），将临沧坚果作为经济树写入政府文件，统筹全市坚果产业发展。

《意见》提出临沧坚果产业发展的总体目标：充分发挥临沧的资源优势、区位优势、开放优势，坚定不移地走开放型、创新型和高端化、信息化、绿色化发展路子，以效益为核心，以市场为导向，以企业为带动，以品牌为突破，以资金为纽带，以科技为支撑，瞄准世界第一的目标，努力做大做强临沧澳洲坚果产业。到2018年，建成澳洲坚果基地面积260万亩以上，壳果总产量达2万吨以上，总产值达5亿元以上；到2020年，澳洲坚果壳果总产量达10万吨以上，总

产值达 30 亿元以上；全市澳洲坚果稳产后，年产壳果达 50 万吨以上，总产值达 150 亿元以上。

《意见》提出发展临沧坚果产业的十项任务，并明确了每一项任务的责任领导、责任单位、配合单位和完成时限。

①申报产品地理标志。组织申报临沧澳洲坚果国家农产品地理标志和地理标志证明商标，打造地域品牌，促进产品升级换代。

②建成国家坚果类检测重点实验室。加快推进国家坚果类检测重点实验室建设，建成具备坚果类产品领域的科研、标准制（修）定、实验室检验检测、安全评价、信息查询、突发事件处理等服务功能完善的国际一流专业实验室和科研培训基地，从坚果种植、生产加工、仓储、贸易等环节全方位为政府和坚果类产业相关企业提供科学、公正的技术服务和技术指导。

③成立坚果科学技术研究院。成立"临沧市坚果科学技术研究院"，合并市核桃科学技术研究所职能，增设职能机构，增加人员编制，与临沧市林业科学院（由原"临沧市林业科学研究所"更名）合署办公，实行"两块牌子一套班子"的管理体制。按照共建共享、共有共用的原则，加强与国内外知名科研院所、高等院校、企业等开展合作交流，尽快与中国热带农

业科学院建立起产、学、研、用合作的产业技术创新战略联盟，设立院士（专家）工作站和工程（技术）研究中心，开展原料基地标准化建设、产品精深加工、良种选育改良、高产优质栽培管理、机械化生产等方面的技术研发和推广。建立市、县、乡、村四级澳洲坚果科技培训及推广服务网络，县级设立科技推广中心，乡级设立科技推广站，村级根据种植面积相应配备专职科技辅导员，负责辖区内澳洲坚果种植、管理、采收、初级加工等方面的科技培训、服务和推广工作。

④制定临沧澳洲坚果生产技术规范和产品标准。依托临沧市坚果科学技术研究院，制定发布临沧澳洲坚果良种繁育、种植管理、采收、仓储、加工等技术规范和产品地方标准、行业标准、国家标准，提升产业发展水平和行业竞争力。

⑤培育引进龙头加工企业。采取内培外引的措施，培育扶持现有企业做大做强，大力引进世界一流的加工企业落户临沧，重点布局在临翔、孟定、永德等主产区。加强产业合作，积极寻求国际国内有实力的战略合作伙伴。鼓励和扶持企业依靠创新驱动，利用新技术、新工艺开发生产休闲食品、坚果油、坚果饮品、坚果化妆品等精深加工及跨界产品，延长产业链，提高产品附加值，实现产业结构优化升级。到2018年，全市澳洲坚果精深加工率达30%以上，培育省级以上

龙头加工企业 2 家以上，培育销售收入上亿元的加工企业 1 家以上；到 2020 年，全市澳洲坚果精深加工率达 50% 以上，培育省级以上龙头加工企业 3 家以上，培育销售收入上亿元的加工企业 2 家以上（其中：高端食品加工企业 1 家以上），培育上市企业 1 家以上。

⑥实施品牌创建。引导和支持龙头加工企业开展产品品牌的系统策划，创新品牌营销，建立产品品质形象。依托"临沧澳洲坚果"地理标志，推进企业产品商标注册、网络注册，积极开展绿色食品、有机食品、无公害认证，积极争创知名商标、著名商标、驰名商标，培育一批品牌产品。充分利用各种宣传载体、采取各种有效形式加大临沧澳洲坚果产品的宣传推介力度，以澳洲坚果为主题创作一首歌曲，制作一部微电影，拍摄一部专题宣传片，设计一枚第八届国际坚果研讨会会徽，营造澳洲坚果产业发展的氛围，提升产品的知名度和影响力。

⑦建立产品交易中心。引进有实力的投资公司在临沧建成有规模、上档次、结构完善的现代国际坚果交易中心，争取交易中心总部和结算中心设在临沧，引入大宗电子交易模式及现代金融、物联网、期货交易等概念，引导中外客商进入交易平台。在其他坚果主产区建立物流、仓储中心，逐步完善临沧澳洲坚果产品交易结构。

⑧实施原料基地提质增效工程。加快良种选育基地和良种采穗圃建设，严格种苗品种和质量管控，认真落实良种良法；积极推行园区化、庄园化基地建设模式，实行标准化种植管理，逐步完善灌溉、道路、病虫害防治等配套基础设施建设；建立"公司＋基地＋合作社＋农户"的发展模式，种植面积1000亩以上的行政村均要建立澳洲坚果专业合作社和采后处理中心；成立澳洲坚果行业协会，充分发挥行业协会的组织和协调作用，维护会员权益，保护行业利益，提高产业的组织化程度；确定白露节为临沧澳洲坚果开采节，开采节前严禁采收果实，从源头上加强产品质量管控，每年开采节由行业协会负责组织举办；2017—2020年，全市每年统一组织开展夏季和冬季两次抚育管护"大会战"行动；加快推进南汀河流域澳洲坚果"一带一谷"示范基地建设，到2018年建成高优示范基地50万亩以上，到2020年建成高优示范基地100万亩以上。

⑨举办2018年第八届国际坚果研讨会。按照"政府主导、协会主体、部门协作、企业参与、社会支持"的原则，制定实施方案，明确目标任务，分解细化责任，积极有序开展工作，使2018年第八届国际坚果研讨会在临沧成功召开。

⑩推进与澳大利亚里斯莫尔市建立友好城市关系。

以 2018 年第八届国际坚果研讨会为契机，以澳洲坚果产业发展经验、科技、信息、市场、贸易等各个领域的合作交流为重点，积极推进与澳洲坚果原产地澳大利亚新南威尔士州里斯莫尔市缔结为友好城市，主动融入"一带一路"倡议，促进临沧澳洲坚果产业走向世界。

为保证临沧坚果产业发展任务如期完成，提出了三项保障措施。

①加强领导，明确责任。成立由市政府主要领导为组长，常务副市长为常务副组长、相关副市长为副组长，有关部门主要领导为成员的澳洲坚果产业发展工作领导小组，领导小组下设办公室在市林业局，在市林业局林业改革与产业发展科加挂"临沧市澳洲坚果产业发展办公室"牌子，整合现有人员，明确职能职责，具体负责全市澳洲坚果产业发展工作。市级有关部门要按照职能分工和责任分解，明确主要领导为责任人，研究加快推动澳洲坚果产业发展的配套支持政策，形成统筹协调、合力推进的责任体系。各县（区）要相应成立领导机构，县（区）林业局要设立专门的办公室，调配专人负责澳洲坚果产业发展工作，加强澳洲坚果产业发展的组织领导保障。

②政策扶持，加大投入。2017—2020 年，市级财政每年整合筹措 2000 万元以上澳洲坚果专项发展资

金，主要用于地理标志申报、企业培育、产品研发、品牌创建、市场开拓等方面。各县（区）财政根据面积按每年每亩 30 元筹措澳洲坚果专项发展资金，主要用于原料基地提质增效、配套基础设施建设、示范基地建设等方面。依托市林业投资发展有限公司建立澳洲坚果产业发展专项基金，充分发挥财政资金的撬动作用，搭建融资平台，为澳洲坚果产业发展提供资金支持。各有关部门要积极整合项目资金投入澳洲坚果产业发展，各类金融机构要加大对澳洲坚果产业的信贷支持，鼓励和引导民间资金多渠道投向澳洲坚果产业发展。

③严格督查，狠抓落实。各级党委、政府要把澳洲坚果产业发展作为重点工作进行考核和督查。市级由市委督查室牵头，每年对各县（区）、市直有关单位工作开展情况和责任落实情况进行两次督查，推动工作落实。

3. 典型示范，企业引路

（1）典型示范，树立榜样

王习宁是镇康县南伞镇田坝村党支部书记，作为一名共产党员，一个"苗王"，为了让老百姓摆脱贫困，他抓住发展临沧坚果产业的时机，想方设法学习坚果种植技术，自己带头示范种植，引领全村群众一起种植临沧坚果。经过十余年的艰苦奋斗，终于实现了全村人脱贫致富。王习宁向笔者讲述了当年卧薪尝胆的故事。

2005年12月15日镇康县才开始种植坚果。本来种植地定在耿马，但王习宁接到这个消息后，就把这项工程引来镇康。镇康原本种植甘蔗，但种甘蔗的人力劳力都相当大，土地又不多。后来云澳达坚果开发有限公司负责人陈榆秀邀请外国专家来考察环境和气候，介绍坚果的情况。王习宁等人没有见过澳洲坚果，但当时就觉得这个坚果会对当地发展带来好处。听到外国专家介绍种植情况，王习宁等人也觉得坚果这个产业对改善地方环境会有益处。通过多方努力，最终打动了陈总和外国专家的心，最后确定在镇康种植坚

图3-1　王习宁现场讲解坚果种植技术

果。镇康承包给他们 14000 亩土地，50 年的使用权。王习宁在 2007—2008 年跟专家学习种植技术，通过两年的种植和劳动学习，王习宁逐渐掌握种植技术，他说坚果比起甘蔗来说，对未来的发展更好一些，不管是人力还是物力。

通过认真思考，王习宁于 2009 年 6 月从公司出来单干，自己种植了 600 亩坚果。起初，他心里也没有多大的底，虽然他相信坚果未来的发展，但是动员老百姓一起种时，老百姓并不抱有信心，都不太积极。实际上王习宁的试验田在第四年就开始结果了，并不像开始说的要十年才有收成，他的信心更坚定了。

2011 年就陆续有老百姓开始对坚果动心了，到 2013 年，王习宁所在村子的老百姓全部开始种植坚果，一共种了 43000 亩。坚果苗是向云澳达公司指挥部购买的，当时市场价是 11—12 元一株，因为王习宁之前在指挥部打过工，指挥部就给他 7 元一株。从买苗到地里面种植的过程，再到后续的各个环节，指挥部都派人员来教技术。按规定是一亩种 20 株，有的农户栽得多，一亩种了 24 株。从开始种植到全面铺开种植存在很多困难，开始政府的重视力度不够，发展产业要贷款，但实际种植上不了规模，贷不了款。但是，这些都没有动摇王习宁种植坚果的决心。遇到资金上的问题，他当时就想，种完 600 亩，往后大的方面也不敢想了。到了 2016 年，已经可以摘点坚果卖了，收获 3 吨多，16000 元一吨，卖了差不多 5 万元钱。2012—2016 年，王习宁请些工人在果园帮忙除草，这期间还在坚果地里种点苞谷、绿豆等作物，保障工人吃的问题。随着情况逐渐好转，坚果面积也在逐年增加，到 2017 年种植面积已达 1500 亩。2018 年收获 73 吨，2019 年收获 138 吨，基本上每年翻一番。

到 2019 年为止，全村有土地 46300 亩，548 户农户全部都种了坚果，种植上百亩的有 40 多户。40 户中有 26 户买了小汽车，房子也盖了。2019 年全村收入，多的几家有二十五六万元。王习宁在坚果地里有个庄园，他自己建的房子，四百多平方米的一幢。他说自己能盖这么好的房子，都是坚果带来的。贷款还差五六万元，现在要做道路硬化、庄园改善，再多种点坚果，贷款都是为了发展坚果。2018 年的价格是 13000 元一吨，2019 年的价格是 14000 元一吨。2019 年全村总产量是 680 多吨，2020 年估计会达到上千吨。

田坝村地处镇康县南伞镇东北边，距镇政府所在地 8 公里，辖 9 个村民小组，该村以彝族为主。王习宁现在是王氏坚果生态文化产业园负责人，目前庄园内种植临沧坚果 1520 亩（其中 2008—2012 年种植 1100 亩，2013 年种植 300 亩，2014 年种植 100 亩，2015 年种植 20 亩），发展林下产业 800 亩（其中套种咖啡 140 亩、茶树 300 亩、山稻谷 260 亩、薏仁 100 亩）。2017 年产壳果 53.7 吨，年产值 193.32 万元，林下产业产值 45.6 万元，山庄餐饮接待收入 16 万元，庄园全年经济收入 254.92 万元，取得了显著的经济效益，发挥了巨大示范效应。

田坝王氏坚果生态文化产业园充分利用王习宁庄园负责人和村党支部书记的双重身份，积极探索"党支部＋基地"的农村党员创业致富、农村实用人才就业创业服务模式，发挥王氏坚果庄园在产业种植、管护等方面的优势，把培训课堂搬到庄园，对群众进行坚果种植、管护等技能培训，为群众提供市场信息，帮助他们算通经济账，提高群众发展坚果产业的信心和积极性。同时，拓宽培训范围，将王氏坚果生态文化产业园打造成党员培训基地，注重开展对党员中的致富能手及"田秀才""土专家"和能工巧匠等各类农村实用人才的各类技能培训，将他们培养成社会主义新农村建设的"生力军"。通过庄园带党员、党员带群众的帮扶模式，使得党员、群众有了归属感，王氏坚果庄园真正成为聚人气的"党员之家，群众之家"，壮大了庄园力量，有力推动了庄园经济发展，同时示范带动全村群众种植坚果。

（2）企业引路，探索规模化发展

云南云澳达坚果开发有限公司，注册成立于 2003

年8月，这一年也是临沧市开始探索发展临沧坚果产业之年。云澳达公司的发展历程与临沧坚果产业发展可谓"同呼吸，共命运"，云澳达公司为临沧坚果产业的发展做出了重要贡献，公司发展临沧坚果产业锲而不舍的精神，值得我们学习和推广。云澳达公司负责人陈榆秀女士，为笔者讲述了云澳达公司与临沧坚果产业的前世今生。

缘起。1981年云南热带作物研究所引进种苗开始试种，1995年云南省人民政府将临沧坚果列入"18项生物资源开发工程项目"，标志着云南临沧坚果研究与种植实验示范进入了实施阶段。2002年云南省政府代表团赴澳大利亚考察坚果产业，2003年国际权威坚果

图3-2 陈榆秀和企业员工、当地老百姓同甘共苦，探索产业发展

专家约翰·威尔基先生获聘"云南临沧坚果产业发展技术顾问",并向省政府建言:"云南具有发展临沧坚果产业的独特优势,如果善加引导,坚持努力,云南省一定能够成为全球坚果重要产地。"

云澳达。在产业发展的初期,农户普遍担心"能种出来吗""种出来有人收吗"?推广工作困难重重。为了解决广大农户的担心和疑虑,云澳达犹如一颗坚果种子,20 余年如一日,扎根于临沧,始终坚持"良种、良法、良心",示范带动广大农户发展种植临沧坚果,经过多年的探索实践,云澳达总结出了"说给他听,做给他看,带着一起干"的推广与扶贫模式,先后于 2002 年、2012 年在永德、耿马建立了两个良种育苗基地(世界最大的临沧坚果育苗基地),于 2005 年在南伞建立了 6741 亩丰产栽培示范基地(于 2010 年被国家林业局授予唯一"全国林业临沧坚果标准化种植示范区"),于 2014 年在南伞建成万吨临沧坚果现代化加工厂。这有力助推了全省近 300 万亩临沧坚果产业的发展,15 万户农民脱贫致富。

艰辛之初。然而,事情并不总是一帆风顺的。云南云澳达坚果开发有限公司负责人陈榆秀带领她的技术团队进入镇康县南伞镇后,才发现他们要面对的不仅是恶劣的自然环境和交通条件,更严重的是当地村民保守的思想观念。

图 3-3　云澳达公司举办澳洲坚果技术培训班

图 3-4　云澳达公司艰苦创业的历史照片

云澳达公司南伞基地位于镇康县南伞镇田坝村小干箐，距离南伞城约 21 公里，全是狭窄的土路，干天一身土，雨天一脚泥。在道路修好之前，区区 21 公里的路程后传动拖拉机要走 7 个多小时。遇到雨季，后传动拖拉机必须带防滑链,越野车常常原地180度打转,在建设之初的三年,跑坏了3辆吉普车、2辆后传动拖拉机。道路塌方,基地员工经常断粮,吃野菜、住窝棚、睡通铺,忍受着蚊叮虫咬和疟疾侵扰。种苗从永德育苗基地运到南伞镇,再用拖拉机运到基地。靠人工把一株株种苗背上山、种下去,挖坑、施肥、浇水全部靠人工。10万株种苗浸透了云澳达员工的心血和汗水。大家咬牙坚持一个信念:尽快把树苗种好、早一点开花结果,让农民们早一点种上这棵"摇钱树""致富树"。

起初,当村民们看到云澳达公司种植下去的是一种他们从来没有见过的树苗,对此并不理解、不认同。他们认为,种这个(临沧坚果)不能吃,云澳达是来骗土地、骗项目的。于是,就出现了这样奇特的一幕:种苗今天种下去,第二天种下去的种苗不是被拔了起来,就是被拦腰砍断、烧毁。公司在前面种,村民在后面砍。这种情况持续了一段时间后,先后损毁种苗5000多株。云澳达公司负责人陈榆秀只好找到时任镇康县县长尚东红寻求帮助。尚东红县长带着政府工作人员来到田坝村,一家一户耐心细致地做村民的说服解释工作。尚东红县长的说服工作见到了成效,云澳达公司的种苗终于种植下去了。村民们也在静静地观察着,看着云澳达公司紧张而有序地开展着各项工作,也想看看这个树会结出什么果。

几年过去了，种下的临沧坚果开始开花结果了，这在村民中又一次引起了轰动，村民们见到了临沧坚果较高的经济效益。于是，原来一直反对的村民们开始争先恐后地跟着种植临沧坚果，并辐射带动了周边地区的种植。

采访中，临沧市原主官告诉笔者一个关于陈榆秀发展临沧坚果产业时的小故事，这个故事体现出了一个企业家的坚韧和执着。用陈榆秀自己的说法是"从小姑娘变老婆娘"，她是对临沧坚果落户临沧做出杰出贡献的企业家。陈榆秀在镇康县承包了3000亩地，基地早期最后三公里开不了车，后来在她的支持下迅速把泥巴路修成了坦石路。

云南云澳达坚果开发有限公司，是集临沧坚果良种培育、高效种植、生产加工、市场营销、技术研发和推广服务为一体的综合性中外合资企业。旗下有德宏云澳达生物科技开发有限公司、临沧云澳达生物科技开发有限公司和镇康云品实业发展有限公司三个子公司及德宏分公司、临沧分公司两个分公司以及云南坚果研究所。公司主要产品有临沧坚果良种种苗（由公司筛选出六个适合在云南宜植区种植的优良品种，获林木良种证书）、优质原料及果实系列产品。公司通过了 ISO9001：2008 质量管理体系认证，ISO22000：

2005 食品安全管理体系认证，生产、加工、贸易有机食品认证及出口卫生登记备案，实现了全国首家同行业从原料种植到加工、销售的可追溯性管理。其带动 2.6 万农民增收，解决 2000 余人的就业。

4. 科技支撑，提质增效

（1）坚果种植实践探索过程

坚果种植的各个环节都需要较高的技术要求，在发展临沧坚果产业过程中，临沧本土专家、农林业科技人员和老百姓一起摸索，不断解决种植中出现的长势不旺、不挂果或挂果少、果子质量参差不齐等各种问题，研究总结出一套完整的临沧坚果种植技术和标准，这些技术和标准已经达到全球领先水平。如选苗、定植、施肥、垒台供水、修剪、病虫害防治、采摘等技术（因涉及技术专利保护，此处只选择几项最常用的提质增效技术，略作介绍）。

①选好种苗

澳洲坚果的品种非常多，要根据实际需要进行选择。按照澳洲坚果耐寒性等不同的品种特性，适地适树，选好品种对路、植株健壮的优良种苗。如 508、344、H2 等品种较为耐寒，在云南省内栽培海拔可到 1700 米，其中 788、508 若在低海拔高温地区种植，在夏季高温区会出现黄化的生理病症，产量低；O.C、

788、660、344 等品种抗风性好，可在风相对偏多偏大的迎风地带种植，而 246、800、508、H2 等品种抗风性较差，在有大风的地带不宜种植。

②科学定植

坚果种植不能仅凭感觉，要科学定植。合理设定好种植的密度、确定行标株标，才能挖种植穴。种植之前要施基肥，还要考虑种植时间。种植前每个环节都形成明确规范。一要合理设定种植密度。种植园开垦前，先确定种植密度及形式，种植密度的确定根据种植园的地形、种植品种和间种方式等的不同因地制宜。种植密度过稀，影响果园前期的单位面积产量；过密则增大果园初期建设的资金投入和树体管理费用，也影响果园后期产量的增长。二要定行标株标，挖种植穴。如，定行标，坡度 3°以下缓坡地和平地，采用"十字"定标，株行标各呈直线，互相垂直。挖穴时应将表土全部取留，以保证回穴用土。三要施基肥，回表土。比如，每穴均要施腐熟的有机肥和过磷酸钙；若无有机肥，每穴可施复合肥和过磷酸钙。四要合理安排种植时间和科学定植。要根据种植地的气候条件确定坚果苗木的定植时间，一般于雨季定植，在雨水透湿土层后，及时定植最好。

③科学施肥

种植坚果，科学施肥是一门大学问。坚果树长得是否旺盛、挂果早还是晚、挂果多还是少、果实大还是小等，都与施肥密切相关。研究总结认为，坚果种植一个月后要开始施肥，之后的管理中对于肥料的供给要遵循"勤施薄施"的原则。促进临沧坚果的营养充足的同时，尽早积累足够的树体营养，使临沧坚果植株在树体生长中同时向生殖生长转变，实现提早挂果和丰产。成年树施肥要以有机肥为主，从而避免临沧坚果枝条徒长而没有营养积累导致不能分化花芽，无花无果，达到丰产稳产的目的。

④坡地垒台，保水供水

临沧坚果树忌涝怕旱，对一些低洼地块要注意防涝，对一些缺水或不易保水的地块进行供水或采取相应的保水措施。如在临沧坚果管理过程中，天气干旱时要注意浇水或采取相应的保水措施，苗期出现死苗时要及时补植苗木。中幼树要有充足的水分供给才能实现临沧坚果树的快速生长。在坡地种植临沧坚果的过程中，可以通过逐年垒台，逐步形成外高内低的台面。

⑤科学修剪及产量设计

修剪要培育出植株主杆，并在主杆上定杆，每台留3—4个主枝。把各级枝培育为主枝粗大，侧枝中粗，果枝要短而多。通过植株冠体来产量设计，单株产果2000个以上；以每个壳果7.5克左右计，设计每株单产壳果15公斤以上，每亩20株产壳果300公斤以上。

⑥科学防治病虫害及杂草

主要采用综合防治技术，用既经济又不损害环境的生物、栽培、物理和化学的方法，把病害和虫口密度降低到经济上允许的安全水平。对常见病害，要以防为主，以治为辅。加强果园管理水平，及时去除园内杂物和残留病果病枝，保持果园清洁，提高坚果树的抗病能力。对虫害的防治，要以预防为主，综合防治。加强果园管理水平，保护害虫天敌或人工捕杀害虫，保持果园清洁，使害虫无处藏身。

⑦科学采收

一是果实采捡。临沧坚果成熟收获期主要集中在9—10月，当坚果内壁由白色转变为棕褐色、果壳褐色坚硬即为成熟。为方便果实采收，在果实成熟掉落前2—4周必须对果园内杂草、枯枝进行清除，并平整地面、填洞坑，清理排水沟以及将掉落地面的旧果、不成熟果、病虫鼠害果等杂物捡净清除。二是果实收后处理。果实在收捡后24小时内，必须把外果皮（荚）剥除，以避免发热变质。筛选：脱荚后的带壳坚果，应将其中杂有的旧果、发霉果、开裂果、发芽果、病虫鼠害果、不成熟果和杂质等捡除并烧毁。干燥：应及时对临沧坚果进行干燥，壳果干燥主要采用人工方法，另外，壳果应避免阳光直接曝晒。若脱荚后的壳果数量较少时，可采用自然干燥。

　　上面介绍的坚果提质增效技术，看似非常简单，但这些种植技术的探索过程是很不容易的。临沧市林业科学院杨建荣院长，为笔者讲述探索科技支撑提质增效的艰辛。

图 3-5　杨建荣院长现场讲解坚果套种技术

图 3-6　技术人员现场示范坚果种植技术

临沧坚果的种植过程一波三折。

坚果种植初期，树苗试种倒是成功了，但是树苗长势较差，长得不旺，成长速度缓慢，让人看着就着急。为了解决坚果树长势差、速度慢的问题，他们采用了抗旱栽培技术和科学施肥来解决。使用抗旱栽培技术，可以在缺水少水的山区栽种坚果，方法有很多种，比如，坡改台地，用草覆盖保湿，挖深塘、立侧沟等。科学施肥，主要是通过施氮肥，就像给树吃饭，可以快速增加枝条生长速度，加快植株生长。就这样，通过技术改进和科学施肥，解决了坚果栽培初期长得慢、长得差的问题。

在解决坚果树长势差的问题后，老百姓又发现，树长得很旺，长得也很快，树也长大了，但就是不挂果，或者挂果不多，怎么办？杨建荣等人通过深入分析研究，认为主要存在两个问题，一是品种不纯，临沧种植的几个常用品种，都因为发展速度太快，嫁接苗接穗不对，导致不挂果；二是施肥不合理，解决生长问题时大量施氮肥，氮肥只是促进枝叶生长，长枝长叶，但没有促进生殖生长，这就可能导致不挂果和少挂果。施氮肥就像给树吃饭，可以增加枝条生长，但是枝条生长越长，消耗营养越多，这就需要控制，他们就控制氮，再加上钾肥和有机肥。增加钾肥，能够使植株健壮，枝条里的导管可以更均匀，保证植株不倒，不生病；加施农家肥，可以增加营养，使细胞壁增加拉长；增加碳肥，能够促进主干增长，加粗长胖而不会再长长。再加上碳水化合物，就只会长胖。此外再增加一些特殊的营养，这些不同的营养有不同的效用，可以使花蕊口张开，增加柱头黏液，延长花期至三四天，增加授粉机会和能力。经过一段时间的努力攻关，科学配方，他们总结出了坚果挂果肥，解决了坚果树不挂果或挂不多的问题。

在后面栽种中又发现，坚果树虽然挂果，但落果问题比较严重，落果可以占到三分之一。如果解决这一问题，就意味着可以增加三分之一的产量，老百姓的收入也就可以大大增加。坚果花为下垂型的总状花序，是雄蕊先熟花，在临沧盛花期集中于3月下旬到4月上旬之间。在盛花期间花量大，成株树（15年生）每株有1万多个花序，每个花序有300多朵小花，花的生命活动旺盛，呼吸作用强。所以，这个时间段，植株对光合作用产物和水分需求较为敏感，在果实发育过程中，授粉坐果后2—3周即进入果实膨大期直至第16周，一般自第17周至第30周为碳水化合物等果实物质积累充实成熟期，在开花坐果后的果实发育过程中，保障好给植株的土壤养分和水分供给，再加上充足的光温条件，这些对丰产非常重要。在给老百姓讲授栽培技术时，杨建荣说，坚果会落果，或者果子质量不高，是因为坚果树枝过多，营养消耗过多，没有营养来开花结果。就好比 100 只母鸡吃一袋饲料，一只都不会下蛋，如果拿走 40 只母鸡，那只只都会下蛋。目的就是让群众能够理解和接受。坚果树需要大量进行枝叶修剪，整形后，坚果树主枝粗大，果大、果多。当然每一项技术都有严格的专业用语和技术规范。通过科学管护，提高了坚果大果率，大大提高了坚果价格。

（2）科技创新成果，提质增效

为了对临沧坚果产业发展提供技术支持，推动坚果产业提质增效，临沧市林业和草原局、临沧市林业科学研究所等部门和机构，积极主动到田间地头对群众种植临沧坚果进行技术指导，开展现场培训。并且及时把研究成果汇编成册，比如 2017 年临沧市林业科学研究所制定了《临沧市临沧坚果周年抚育技术要点》，制定人是杨建荣院长（正高级林业工程师）和白海东高级林业工程师，这本看似薄薄的绿皮小册子，作为全市临沧坚果种植技术推广材料，对指导老百姓种好坚果产生了积极的影响。

临沧市临翔区马驿坚果种植农民专业合作社，位于临沧市临翔区蚂蚁堆乡一水村委会，法人代表杨克华。合作社成员 113 户，其中建档立卡贫困户 27 户，是一家集澳洲坚果种植、采购、加工和牲畜、家禽养殖销售为一体的综合性农民专业合作社。

杨克华于 2010 年先期引进澳洲坚果，开始种植 500 亩，经管理人员精心管护，2016 年开始初挂果，2017 年采收壳果 16 吨。2016 年精心组织、筛选成员，2017 年 3 月，杨克华吸收一水村、曼毫村、马蜂村、邦海村澳洲坚果种植农户 113 户，正式成立马驿坚果种植农民专业合作社，净增坚果种植面积 5200 亩，总面积达 5700 余亩。2017 年 9 月，临沧市坚果"开采节"在该合作社开展，中央电视台、云南省电视台及云南传媒集团等媒体相继对合作社进行了详细的采访报导。

合作社现有固定员工 15 人，技术工人十余人，高中以上学历 5 人。合作社本着"立足本地，带动地区，服务果农"的原则，不断加强自身管理，扩大澳洲坚果种植面积，引进优良品种，带动当地农民发展坚果事业，采用"公司（云澳达坚果开发有限公司）+基地（合作社澳洲坚果基地）+合作社（马驿坚果种植农民专业合作社）+农户（合作社成员 113 户，其中建档立卡贫困户 27 户）"的模式，以技术共享、信息共享、合作共赢的经营理念，为村民和建档立卡贫困户提供坚果苗木支持、种植管护技术培训及后期销售渠道，为种植户减轻资本压力的同时也更快掌握坚果科学管理的各个环节。

图 3 - 7　杨克华（左三）正在听陈榆秀讲解坚果种植技术

图 3 - 8　马驿坚果种植农民专业合作社开展 2017 年临沧坚果开采节

　　截至 2019 年，合作社共带动农户新植澳洲坚果面积 5000 余亩，取得了良好的经济效益、生态效益和社会效益。合作社不断加强与行业协会合作，共同研发临沧坚果种植、管护、采收等技术，积极引进良种，推广节能健康、绿色生态的管理，减少农药、除草剂的残留，开展减肥增效、生物防治、物理防治等绿色防控技术。其与云南坚果协会、云南云澳达坚果开发有限公司等行业协会和同行企业进行双向交流沟通十余次，组织农户及建档立卡户到基地进行实作培训 8 次，受益者达 300 余人次。

　　合作社以现有基地为基础，带动周边农户不断开展对适宜种植地区的新植活动，将合作社片区的澳洲坚果基地打造为临翔区规模最大的坚果种植基地，使坚果种植面积达 2 万亩，种植坚果达 100 万株以上，年产壳果达 500 吨以上，让坚果产业成为当地群众增收致富的支柱产业，让坚果树切实成为群众的摇钱树、致富树，将合作社建设成为集种植、收储、加工、销售为一体的龙头合作社，为临翔区坚果产业的发展添砖加瓦，为当地的坚果种植户早日脱贫致富奔小康做出积极的努力。

　　永德县大雪山乡临沧坚果种植户李万桥（彝族），是典型的依靠科技、提质增效的种植户。

　　2002 年李万桥在县政府的支持下开始种植坚果。

2006 年李万桥的 54 亩坚果园开始挂果，数量虽然不多，但却让他信心满满。2018 年，坚果树已有 80% 进入了挂果期，产量达到 16 吨，年收入达 26 万元左右。在李万桥的精心护理下，打造出了该户 40 亩坚果示范地年产值达 50 万元的典范。他非常乐于助人，依靠科技提高产值带动了周边很多种植户受益，通过多次分期分批组织全市种植坚果的农民代表户来参加学习实地培训，取得了较好的示范推广效果，培养出了一大批掌握现代种植技术的农民。

通过对李万桥的电话采访，笔者大致了解了他科技致富、帮助他人的故事。

图 3-9　科技致富户李万桥接受媒体采访

图 3 – 10 李万桥种植的坚果

李万桥说他们那里是 2002 年退耕还林时开始种植坚果的。工作队来宣传退耕还林政策，他喜欢这个坚果，因为是干果，他就喜欢种植。当时他不懂什么品种，哪种见效快，哪种产量高，那个时候认不出，他种的树一株改良了三四次。后来，临沧市林业科学院的专家来支持他，指导他坚果种植技术，教他挖坑、修剪、施肥料。他学习印象最深的是林下套种，可以在坚果地里再种上其他作物，见效快，增加经济收入。还有修剪，这个很讲技术。在研究人员提供技术后，他开始慢慢摸索，自己修剪、自己进行品种改良。品种不好，产量低，见效慢，果壳厚的，就自己找好品种来改良。他经过长期积累，掌握了种植的技术。在种植过程中，经常会有人来问技术问题，他都会认真教，自己懂多少，就全部教多少。他有时候也会帮人去地里改良品种。来找他学习的本村人比较多，本县也有人来学，主要学习关于品种、嫁接、修剪等方面的技术。

（三）临沧坚果产业发展的
成效与前景

1. 临沧坚果产业的经济成效

至 2019 年，全市临沧坚果种植面积 262.77 万亩，挂果面积 40 万亩，产量 3 万吨，产值 15 亿元。临沧坚果种植覆盖全市 8 县（区）、71 个乡镇、564 个村、18 万多种植户共 51 万人，带动建档立卡贫困户 6 万多户、24 万人实现脱贫。临沧坚果种植户人均年收入 2941 元。全市现有坚果加工厂 11 个，其中，初级加工厂 9 个，年加工量 4.5 万吨；精深加工厂 2 个，年加工量 5090 吨。

表 3-1 和图 3-11 显示，临沧坚果早种植，早收益。从产量占比与面积占比的比较来看，到 2019 年，产量占比大于面积占比的只有镇康县和耿马县。最早种植坚果的镇康县，其种植面积仅占 19.13%，而产量占比达到了 55.78%。

表 3 - 1　　　　　2019 年临沧市坚果种植面积、面积占比、产量、
产量占比、产值统计

县（区）	面积（亩）	面积占比（%）	产量（吨）	产量占比（%）	产值（万元）
临翔区	192457	8.34	797.8	4.03	3989
凤庆县	302385	13.10	451.6	2.28	2484
云　县	303720	13.16	630.1	3.18	1782
永德县	542083	23.48	3523.7	17.79	12862
镇康县	441601	19.13	11047.3	55.78	17463
双江县	130363	5.65	332	1.68	929
耿马县	279224	12.09	2729.7	13.78	5185
沧源县	116879	5.06	292	1.47	1002

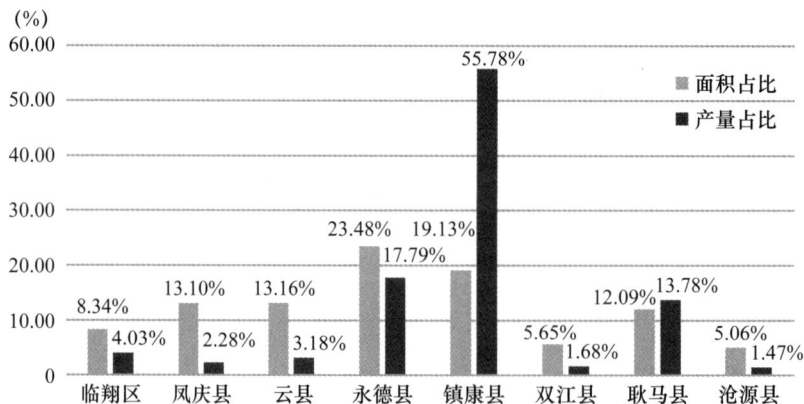

图 3 - 11　2019 年临沧市各县（区）坚果种植面积
占比和产量占比比较

2. 临沧坚果产业的生态效益

（1）退耕还林成效

2002 年临沧市启动实施退耕还林工程建设以来，

全市实施退耕还林种植临沧坚果 111.48 万亩，其中退耕地还林、配套荒山荒地造林项目种植临沧坚果 5.53 万亩、巩固退耕还林成果林业项目种植临沧坚果 64.74 万亩，新一轮耕地退耕还林项目种植临沧坚果 41.21 万亩。退耕还林临沧坚果工程建设覆盖 8 个县（区）大部分乡（镇）和村。建成示范基地十余万亩，特色园区 6 个，如云县石佛山坚果 + 咖啡示范基地、永德县大雪山乡大棕箐临沧坚果 + 中药材示范基地、永德县崇岗乡大红山坚果 + 咖啡示范基地、镇康县王氏坚果庄园等。

（2）生态环境修复成效

临沧把"一河、两库、三江、四线、五区"作为项目布局的重点区域。海拔在 1400 米以下的坡耕地、生态脆弱区域坡耕地、低产低值低效农作物种植地块全部纳入陡坡地生态治理范畴，重点发展以坚果为主的木本油料林基地。临沧市实施退耕还林 18 年来，种植临沧坚果 111.48 万亩，涵养水源效益每年可增加蓄水约 2787 万立方米，提升森林涵养水源的能力；保育土壤效益方面，每年可固土 446 万吨，减少水土流失、保存土壤肥力；固碳释氧效益，每年可释放氧气 5.5 万吨，吸收二氧化碳 7.5 万吨；净化大气环境效益方面，每年吸收大气污染量 128 万吨。临沧坚果的产业化发展对全市生态效益价值巨大，水土流失、山体滑坡等自然灾害得到有效遏制，生态环境持续改善。

3. 临沧坚果产业发展前景

（1）未来目标

①产业脱贫致富目标

计划到 2030 年，临沧坚果种植户坚果人均年收入 10000 元以上。

②产业发展目标

2020 年，临沧坚果实现总产值 26 亿元；实现增加值 28.5 亿元。第一产业产值 20 亿元；第二产业产值 5 亿元；第三产业 1 亿元。

2025 年，临沧坚果实现总产值 70 亿元：第一产业产值 42 亿元；第二产业产值 26 亿元；第三产业产值 2 亿元。

2030 年，临沧坚果实现总产值 244 亿元：第一产业产值 104 亿元；第二产业产值 136 亿元；第三产业产值 4 亿元。

2035 年，临沧坚果实现总产值 367 亿元：第一产业产值 150 亿元；第二产业产值 211 亿元；第三产业产值 6 亿元。

（2）具体打算

①加大绿色产业基地建设

一是开展高优原料基地建设。稳步推进坚果品种改良，配套与坚果产业发展相适应的水、路等基础设施。每年完成 20 万亩临沧坚果提质增效、20 万亩水利设施和 50 万亩产业道路配套。组织开展生产基地认证，紧紧围绕"三品一标"组织开展欧盟认证、绿色食品认证、有机食品认证、无公害食品认证工作。计划到 2025 年，临沧绿色食品、有机食品、无公害食品的基地认证率达 85% 以上；临沧坚果欧盟认证的推广率达 80% 以上。

②着力加快坚果产业园建设

围绕临沧市"一县一业""一园一特色"的产业布局，整合全市及周边坚果原料资源，持续推进临沧坚果果仁加工、果油加工、青皮加工、果壳综合利用加工为一体的坚果全产业链生产，建成全国最大的临沧坚果产业园；扶持培育一批市场竞争力强的上市企业。到 2020 年，园区规划基本形成，生产企业开始入驻园区；到 2030 年，全产业链加工生产格局基本形成，有 2 个以上生产企业成功上市。

③强化龙头企业扶持

一是利用项目资金扶持龙头企业，整合基地提质增效、贴息贷款以及其他林业项目资金到园区龙头企业，为企业生产加工提供优质原料。二是加大融资信贷扶持力度，加大贴息力度，帮助生产企业解决好生产经营中的困难和问题。三是对生产企业实行创新扶持，鼓励、支持企业开展技术创新，所需生产设备投资实行奖励补贴。四是扶持发展一批小龙头企业，按每个小龙头企业 100 万元投资标准，每年完成 200 个脱壳、清洗、烘烤各项工艺生产的标准、规范的小龙头企业建设。到 2025 年，实现以专业合作社为重点的小龙头企业在临沧坚果产业初级加工全覆盖。

④全面推动品牌建设

以打造临沧区域公共品牌为重点，全面加大对"临沧坚果""临沧优品"等区域公共品牌的宣传推广。培育一批全省、全国知名商标，培育一批具有市场竞争力的企业品牌。到 2025 年，力争每县有一个省级以上知名品牌，全市有一至两个国家知名品牌。

⑤健全和完善产业发展机制

一是建立"企业 + 专业合作社 + 农户"的利益联结机制，发挥好小农户在合作社中的主体作用，采用"企业 + 专业合作社 + 农户"发展模式。计划到 2025年，每个临沧坚果种植小农户都归属于一个专业合作社，每个临沧坚果专业合作社都有与之相对应的生产企业作龙头。二是建立产业联盟机制，完善和提升种植、管理、采收、清洗、烘烤、剥壳、加工、储存、运输、包装、销售十一个生产环节的具体标准，建立全产业链管理的联盟机制。计划到 2020 年，临沧坚果产业完成联盟建立，机制得到进一步完善，效益得到逐步发挥。

⑥加速交易市场培育

以临沧坚果交易中心建设为重点，推动临沧坚果交易中心建设。

四 中国智慧的临沧实践

（一）因地制宜，选择产业

1. 依据自然条件和社会状况选择产业

因地制宜是指根据各地的实际情况，制定适宜的办法。产业选择就是要将自然分工和社会分工相结合。自然分工要考虑当地的地理环境、气候条件、自然资源等自然状况，社会分工则要考虑当地的人力资源状况、经济社会发展水平、历史文化背景等社会状况。在笔者采访临沧市原主官时，其对临沧市如何依据自然分工和社会分工进行产业选择、如何对不同产业进行优化布局做了介绍。

像临沧这样的多山地区，一方水土究竟能不能养活一方人，靠什么来养活，怎样来养活，在养活的基础上怎样致富？首先就是要考虑自然分工。临沧到处是山，山地面积占国土面积的 97.5%，历史上这些山上就一直有人类生活，也就存在农业生产，就已经把自然分工和社会分工结合在了一起。根据临沧的自然特点，要选择什么首先是决定于自然分工，特别是大规模的生产，必然考虑自然分工，在自然分工基础上来选择金山银山的产业是不矛盾的。山有多高水有多高，临沧是云南植物王国的缩影，这是自然分工。很多人现在往往忽视了自然，以为科技发达了，自己可以解决自然分工。比如北方种植蔬菜就相当厉害，使用大棚技术，但使用大棚就必然大量使用农药，农药用多了就会受到惩罚，大棚种植一二十年，土地污染就会深达一米多。所以，自然的规律不能违背，虽然短期可以用技术克服自然条件，但长期一定会受到惩罚，一定要按照自然分工来选择产业。

临沧选择临沧坚果作为主要产业，当时请了澳大利亚的专家。澳大利亚专家说，他来中国考察了好多地方，最适合种坚果的就是临沧，临沧坚果没有主根，其他地方不太适合，台风来就吹倒了。西双版纳和德宏可以种，但那些地方高温高湿，种出的坚果质量不好。所以从这些条件，从自然分工来说，临沧坚果就是天生为临沧留下的品种。

从政府选择产业来看，临沧坚果不能和甘蔗打架、和甘蔗争地。甘蔗受运输半径约束，临沧坚果没有半径约束。甘蔗是原料，是大宗运输商品，运输成本不得了，在没有火车的前提下（当然临沧也没有火车能进来），特别是山区，运输成本是非常高的。所以从甘蔗和临沧坚果的自然分工角度看，两个产业是不会相互冲突的，只要合理规划就能处理好。甘蔗是支撑产业，只要保证种植面积，控制好面积，提高科技含量，提高甘蔗产量，提高糖的综合利用，就可以达到政府、蔗户和企业的三赢，蔗农有收入，企业得利益，政府得税收。而临沧坚果，在超出蔗区运输半径的区域，既可以连片发展，也可以小区域发展。临沧是山区，在一些多山地带，自然分工的气候是小区域气候，在自然分工方面有不可复制的基础。所以，临沧坚果产业与甘蔗产业是不重复的，像在耿马这种以甘蔗产业为主导的基础上，选择增加临沧坚果产业进行大规模发展，是可行的。

在临沧的中高海拔地区，目前主要种植茶叶和核桃，要根据自然分工，宜茶的地方就种茶，不能因为种核桃经济效益高，就用核桃代替茶叶；相应更适合核桃生长的地方就种核桃。除此之外，在低热谷地带，在800—1100米左右的海拔，种什么呢？既不适合种水果，也不能种甘蔗，甘蔗超出了运输半径，也不能种核桃，就适合种临沧坚果。临沧坚果拥有双重价值，它既是绿水青山的树种，也是金山银山的产业，它把二者统一起来。二者是你中有我，我中有你。

临沧市首先把临沧坚果树当作生态树，进行生态修复大规模种植。即使一株树收入 10 元钱，一亩种 20 株，也有两三百元的收入。实际上，现在一亩坚果树的收入价格大概有 5000 元钱了。所以要从自然分工角度来进行产业选择。临沧选择南汀河一线、澜沧江一线、边境一线及建档立卡贫困地区，孟定、沧源原来种咖啡的那一片布局坚果产业，不能新产业和传统产业互相否定。

产业选择还要考虑社会分工，第一是人的要素，第二是市场。从社会分工的角度看，首先是人，临沧是多民族地区，人口素质不高。但核桃和临沧坚果的栽种和管理技术易学易懂，民族地区，特别是从狩猎民族直接过渡到农耕民族的地区，如果要他去种甘蔗就种不了，像沧源县佤族，你让他去种树，他就可以胜任。从人的角度看，核桃和临沧坚果适合临沧的劳动力，这些初级劳动者通过培训，可以变成中级劳动者，甚至高级劳动者。不是说核桃和临沧坚果是粗放的劳动，坚果的技术含量很高，有上百个品种。社会分工的第一要素是人，临沧坚果比较适合贫困地方的劳动者现有的技能，劳动者不用懂很多，打塘、挖坑种植，然后防火，结果时期防鼠，符合当地劳动者的实际条件。而且随着林业户的劳动，他们会变成专业的技工，甚至高级技工。临沧坚果既适宜劳动者的现状，也适合他们未来的发展。

　　社会分工的第二个要素是市场。临沧坚果有市场，属于高价值品种，是坚果之王，比核桃、板栗有营养价值，能够满足人们不断增长的对营养价值的需求。临沧坚果的种植成本低，加工成本低，未来可以有很多品种变成人们的基本生活品，既可以吃原果，又可以吃坚果粉、坚果油，有较广阔的市场。从市场需求看，临沧坚果不是无限制地滥种，适宜种的范围小，市场需求量广。可以生吃，也可以加工吃。穷人能吃，富人也能吃。加工了再吃，是多元化的。对于贫困地区来说是可持续的，贫困地区最怕的是不可持续，要防止今年脱贫明年返贫。

　　产业选择是一种天地人之间的必然选择。临沧山地太多，立体气候明显，600—3000米的海拔，产业连片布局条件受限，小区域气候较多等。因此，临沧从甘蔗到茶叶，再到核桃，最后到坚果，是囿于自然气候条件的必然选择，自然分工是基础，社会分工与之相结合。山是好山，没有路相连，就只是一团山，把路连起来就是宝山。临沧缺路，这山和那山没有路，山就是山，如果把路解决了，山就是宝山，原来是无用之山，现在就是宝山。

2. 产业选择要兼顾生态效益和经济效益

临沧产业发展实践证明，产业选择只要真正因地制宜，自然分工和社会分工结合，完全可以实现产业选择兼顾生态效益和经济效益。临翔区蚂蚁堆乡抓住退耕还林历史机遇，通过立体化布局发展核桃产业、临沧坚果产业，既实现了生态修复，又实现了人民群众脱贫致富。临翔区主官尚东红向笔者讲述了蚂蚁堆乡通过退耕还林实现生态修复和农民增收的传奇。

图 4-1　尚东红到蚂蚁堆乡调研指导

蚂蚁堆乡，原名驿亭。位于临翔区北部，乡政府驻地距离临沧城 25 公里。

现在的蚂蚁堆乡，满山都是郁郁葱葱的树林，种满了临沧坚果和核桃，一眼看去生机勃勃。但是二十年前的蚂蚁堆乡是什么样子呢？是泥石流频发地区，还会山体滑坡。在退耕还林工程实施初期，老百姓对退耕还林政策不了解，且受传统农耕思维的影响，不愿意失去土地，非常不利于退耕还林工程的开展。为了打消老百姓的顾虑，政府专门组织一部分群众，去参观其他地方通过退耕还林，发展产业经济，从而脱贫致富的示范点。回来后，林业站工作人员投入大量的时间和精力进行走访宣传，就连年遭受的自然灾害举例，让大家意识到生态环境恶劣是急需面对的大问题，认识到退耕还林将带来的好处。只有开展退耕还林，种上树，才能使水土流失和土地沙化等问题得到遏制，从而改善蚂蚁堆乡的生态环境，让老百姓不再为下雨而担惊受怕。

本着适地适树等原则，早期造林多选用木本油料，例如发展以泡核桃为主的特色经济林。后来随着新一轮退耕还林的开展，充分尊重农民的主体意愿，在适地适树的原则下自主选苗，再由林业站统一规划，充分体现了"统一标准、农民自愿、政府助推、自我发展"的原则。2010 年先期引进临沧坚果，最初种植500 亩，经管理人员精心管护，2016 年开始初挂果，2017 年采收壳果 16 吨。从 2012 年开始通过示范基地建设带动，进一步采用"公司＋基地＋合作社＋农户"的模式打造蚂蚁堆乡临沧坚果产业基地，辐射推动整个蚂蚁堆乡坚果产业建设。为将广大坚果种植户组织起来，运用集体的力量打造坚果产业，共闯市场，各乡（镇、街道）纷纷组织了坚果种植管护专业合作社。目前临翔区共成立坚果种植管护专业合作社 12 个，入会群众 1453 户。合作社主要负责引导群众科学种植和管护以及科学采收，同时兼顾产品的销售。合作社一般选择坚果种植大户和村寨中威望较高的人担任会长，在规范群众坚果种植、管护、采收上发挥了巨大作用。

蚂蚁堆乡退耕还林工程的实施实现了"政府得绿，社会得益，林农得利"的目标，不仅加强了生态建设，而且在耕地种植经济林后，农户的收入也随之增加。除国家退耕还林补助外，核桃、坚果等经济林木收入可观，实现了种植农户均增收。全乡共有核桃种植面积 22.5 万亩，挂果面积 6.5 万亩（初花初果 4.8 万亩，盛果 1.7 万亩），2018 年产量 2030 吨，产值 2233.77 万元。截至 2019 年，蚂蚁堆乡已经完成种植临沧坚果面积 4.89 万亩，目前挂果面积 0.8 万亩，实现产值 1800 万元。

（二）把握全局，规划产业

1. 市级政府把握全局规划

产业发展，规划先行。正如临沧原主官说的："贫困是一种病，是综合征，是贫困综合征，治疗这个病不是只有一服药，有多种药，要因病施治。临沧连续解决了农业布局问题，实现了比较优化的符合临沧客观实际的农业产业布局，首先是布局蔗糖，站在国计民生的产业链高度，点面推进，第二是茶叶，第三是中高海拔地带的核桃产业布局，第四是低热河谷地带的临沧坚果，这些布局都为未来第二产业布局深加工精加工打下基础。"临沧市产业经济的良性高效发展，得益于始终坚持市级政府把握全局规划，各届政府持之以恒抓产业，一届接着一届干，逐步实现了临沧全体人民的高质量脱贫。临沧市副市长赵贵祥向笔者讲述了临沧整体布局四个产业的历程和思路，其核心思想是：规划先行，一届接着一届干。

临沧这几年脱贫攻坚与产业发展息息相关，与整个产业选择息息相关，产业选择突出区域优势和适宜发展优势来发展产业。

首先是大力发展甘蔗产业，临沧有着丰富的热区资源，甘蔗产业的发展解决了一定程度上热区、有热区资源但坡度20度以内的老百姓的吃饭问题和小零花钱问题，100多万亩蔗地，覆盖了上百万人口。在此基础上，冷凉山区怎么办？紧接着探索茶叶，种植茶叶是临沧的传统，通过茶叶发展解决了冷凉山区老百姓脱贫问题，涉及人口140万人，其中脱贫人口25万人。2003年后，市委、市政府觉得老百姓收入还可以再增加，就开始发展泡核桃，泡核桃种植区域就介于冷凉山区和热区之间，刚好可以填补这个区域。2003年，市委、市政府利用退耕还林政策，大力推广了800多万亩的核桃，这个产业涉及100万群众，实现32万人脱贫。这样就实现了从甘蔗的小钱到茶叶的小零花钱，再到泡核桃的大钱的转变。

临沧是立体气候，老百姓居住在不同的海拔、不同的区域，针对这一实际怎么来布局产业呢？比如说低热河谷，以南汀河为例，到2007年通路后，南汀河老百姓收入还比较低。虽然坚果20世纪90年代就已经引入，但一直未能得到发展，2011年才开始作为脱贫攻坚重要产业大面积来抓。到2015年，种了260万亩，挂果40万亩，3万吨，涉及50万人，人均年收入大概1900元。通过甘蔗垫底，茶叶提升，核桃布局，坚果提升，这样农民人均年收入就达到同期脱贫水平，达到人均13000多元，整个贫困地区实现了产业全覆盖，适宜种什么就种什么。正是产业的支撑，临沧才有了今天的发展。

综合下来看，临沧市形成了一定的经验。第一是一届接着一届干，除四个主要产业外，畜牧产业、咖啡产业等就不介绍了。这四个产业一届接着一届干是非常困难的，市委、市政府秉承把农民增收与区域特点有机结合起来的理念，真正把区域特点放大效益与农民增收结合。第二是临沧秉承产业生态化、生态产业化，到现在都是这样。因为临沧主要是山区，不可能有坝区，只能从零做起，在零基础上解决农户的增收致富问题，这个理念非常重要。第三是坚持规划先行，发动群众。第四是种植标准化，标准化从基础做起。比如种植核桃"五个一标准"，种植坚果"六个一标准"。这些产业都要以标准来搞，不是乱种，这个就是经验。临沧的脱贫攻坚与产业布局是息息相关的，与发展中产业质量的不断提升有关，这种产业选择是与自然条件分不开的，和当地的山形水路是一致的，不是凭空选择的。

2. 县级政府优化产业布局

（1）耿马县协调优化甘蔗产业与临沧坚果产业布局

耿马自治县是国家 51 个糖料蔗核心基地县（市）之一，全县甘蔗种植面积达 40 万亩，共有 2.3 万农户、12 万人，蔗农人口占农业人口的 52%。全县共有 14 户涉糖涉蔗工业企业，蔗糖产业已形成 5 大类、15 个产品的全产业链格局。2018/2019 榨季，全县甘蔗工业实现工业产值 30 亿元，糖业上缴税款预计 1.4 亿元，约占全县地方一般预算收入的 30%，预计实现蔗糖产业综合产值 60 亿元以上。

耿马县甘蔗产业涉农人口比例过半，上缴税收占全县财政近三分之一，如何在继续巩固甘蔗产业发展，促进甘蔗产业提质增效的基础上，进一步进行产业优化，布局发展临沧坚果产业，促进人民持续增收，耿马县主官蒋世良，为我们提供了耿马处理甘蔗产业发展和优化临沧坚果产业布局的思路和做法，其核心思想是：用工业化思维考虑农业产业布局。

产业发展不单是发展一个产业，要坚持"产业发展生态化，生态发展产业化"来进行思考和布局。耿马县至今一直主打甘蔗产业，涉及 2.3 万户蔗农，十余万人口。甘蔗的税收占财政的四分之一，工业增加值占 60%，全县 3000 多户、一万多人靠甘蔗来脱贫。在发展甘蔗的同时，也要发展相关产业，相比较甘蔗收益不低的也要搞，包括坚果、核桃和茶叶。他们是怎么考虑的呢？

第一强调规划引领。一要考虑今后随着脱贫攻坚乡村振兴，会有大量劳务输出，他们考虑下一步要规模化、标准化、产业化和现代化推广，要考虑组织化程度和现代化程度，推广现代农业理念发展农业，要推广机械化，以机械化解决用工不足的问题。在考虑甘蔗的同时也要考虑坚果的规划，虽然二者的种植区域和海拔有类似，但二者之间并不冲突。具体来说，坝区原有的甘蔗原料基地，产能达到 5 吨的要巩固下来，通过良种良法的推广来增加产量，而不是盲目扩张面积，在稳定甘蔗原料基地的基础上来布局坚果基地。坚果品种多，不挑地，在喀斯特地貌，在沟边，在地边，在道路两边，甘蔗地的小路边都可以种植，行道树、绿化树等都可以种。二是在规划布局上要综合统筹考虑，不能顾此失彼。在此前提下进行优化布局，单产在5吨以上，路通水通，具备这些条件可以种甘蔗。不然路远则运输成本高，道路维修成本高，老百姓和糖厂都不愿意。三是单产低的原料基地稳不住，老百姓种一季就不种了。他们把甘蔗稳下来，重点在优化规划布局，而不是相互争地。全县共规划了41万亩甘蔗、43万亩坚果，都不再增加。比如山区半山区，坡度大，有泥石流，缺水，这些地方布局坚果是最好的，土质还肥。规划科学，产量就会稳定。

第二是产业的布局要突出重点管理。老百姓有时候疏忽于管理，效益体现不出来，就会影响后续发展。要强化组织化程度，要有人牵头，要有合作社，要有协会，要把群众个体的单打独斗组织起来，通过教育、培训和引导，往标准化方向发展产业，要体现组织化程度。要通过协会、理事会、合作社引领，通过提高组织化程度，通过培训宣传引导，真正让大家按照标准化发展产业，一步一个脚印。

第三，要用工业化理念来谋划农业生产。规模化发展不难，因为有丰富的土地资源，标准化需要组织化来引导。规模化一定要考虑与市场接轨，不然谷贱伤农，生产出来没有市场怎么办？要用工业化理念来谋划农业生产，用工业理念来思考农业产业化进程。这时候怎么办？要招商引资。如果说一个企业，在昆明、楚雄、临沧和耿马，政策都一样，那企业肯定是不来耿马的。要思考怎么让企业来这里，只有企业真真正正来这里了，农产品才能通过企业的精深加工提高产业附加值，农业才能巩固住。巩固住了农业，农民的收入才稳定，才能持续。所以重点和关键是怎么样才能巩固脱贫成果，让老百姓有持续收入，一定要转化，通过工业反哺农业，真正形成完整的产业链，农民的产业才能稳定，脱贫成效才能稳定。

（2）双江县协调优化茶叶产业与坚果产业布局

双江拉祜族佤族布朗族傣族自治县，总人口 17.6 万人。至 2019 年年末，全县累计建成优质生态茶园面积 25.3 万亩，可采摘面积 17.5 万亩，百年以上古茶树 2.2 万亩。双江县茶叶产业规模化发展成效明显，如何在优化茶叶产业发展中，协调布局临沧坚果产业，实现双江县人民群众持续增收？双江县主官黄光富为我们提供了协调优化布局茶叶产业和坚果产业的方案：比较产业效益，确定产业布局。

双江是全国唯一一个拥有拉祜族、佤族、布朗族和傣族四个主体民族的自治县，从地理条件看，是典型的南亚热带暖湿气候，自然资源和水资源非常丰富。该县传统产业主要是茶叶，后来增加了甘蔗产业。从 20 世纪末开始提速核桃产业，国家提出脱贫攻坚以来，双江开始统筹规划发展坚果产业。首先发展茶叶产业，全县茶叶种植面积接近 28 万亩。全县 17.8 万人口，15 万老百姓，茶叶年综合产值可以到 60 亿元，年人均茶叶产值能到 6000 元以上，仅一项就超过贫困线标准。

甘蔗也是传统产业，大概有 10 万亩，基本处于饱和与稳定状态。核桃产业自 20 世纪末开始发展，现有 50 万亩左右。茶叶产业主要是受大产业带动，种植面积不断增加。甘蔗产业主要从国家战略角度，从国家食糖安全角度考虑。核桃产业在高寒地区也基本饱和。双江从 2000 年开始根据海拔进行布局，开始把临沧坚果作为骨干产业来培育，主要原因有几个方面。一是热区资源丰富，在 1300 米海拔以下，种苞谷和其他粮食作物的比较效益差，而种茶叶效益较好。二是从临沧坚果产业发展战略上来看，如果坚果管理得好，在双江的种植面积可以发展到 30 万亩，仅茶叶和坚果种植面积就可以到 60 万亩，再加上甘蔗等产业，可以将目标设定为建成 150 万亩农业现代化产业基地，人均 10 亩，进入丰产期，人均年收入可以到 4 万元。三是坚果产业国家扶贫政策比较好，国家退耕还林政策、扶贫产业政策和地方财政支持政策，几项政策相加。农民在发展坚果产业中，苗木是无偿提供，技术是林业部门提供，坚果产业成本很低，贫困农户也能发展。四是市委、市政府决定把坚果作为战略产业规划，地方产业除考虑自己的优势资源，还要考虑大局，要考虑市委、市政府的要求和省"三张牌"的要求。五是边疆地区产业发展如果不成规模，没有龙头企业，风险比较大。刚好坚果产业，云南云澳达坚果开发有限公司入驻临沧较早，发展执着强劲，从苗木培育、栽培、地理标志认证、企业培育、市场营销以及一体化等做得比较好。跟随大企业发展就可以有利于规模化、集约化、信息化，市场风险就小。六是坚果市场消费空间大，本地老百姓吃得起坚果的人比较少，主要供大市场，但换个角度，从改善群众饮食结构、提高群众生活方面很有好处。七是坚果产业发展可以改变群众刀耕火种的习惯，从育苗、种植、管理、采摘等整个过程都需要一定技术含量，通过发展坚果产业，可以改善群众的劳作习惯，使群众管理习惯精细化。通过大户带动，提高群众勤劳致富奔小康的内生动力。所以近年来坚果产业发展迅速，现在有24万亩。2019年人均收入超过12000元，双江在云南全县人均增收水平比较高，在全省进入前10位。

如何合理布局产业呢？双江都是茶种植区，多数布局在800—900米以上海拔，以勐库镇为主产区和核心区，全县28万亩茶园，勐库镇冰岛区就有12万亩，一个乡镇占了近一半。其他同纬度同海拔也布局茶叶。
1300 米特别是 1000 米以上的玉米区，全部退出种坚
果，主要基于比较效益考虑。低海拔茶区如果种茶，
经济效益与坚果比较不占优势，1000 米以下主要根据
比较效益布局坚果。以勐库镇为核心，与其同纬度、
同海拔区域，主要种茶叶，除勐库镇外，1000 米以下
区域，主要考虑和坚果的比较效益，再确定产业。

比较产业效益再做出产业选择时，政府要做出一
个大的规划，除烤烟产业外，茶叶产业和坚果产业主
要是划出区域产业，政府主导，和老百姓分析算账，
最后由产业理事会讨论决定，政府不作硬性规定。政
府的作用是划分产业带，引导培训老百姓提高对产业
的认识，提供政策支持。理事会在村两委领导的指导
下，以自然村为单位，研究自然村的重大问题。过去
的思想是种好基地再招商，现在相反，企业先进来，
政府再配合做基地。满足企业需求，必有龙头企业的
引领，才会有市场竞争力，有未来的希望。

（三）引导群众，发展产业

1. 典型示范，树立榜样

带着群众干，做给群众看，是临沧产业发展实践
中被证明最有效的示范引领方式。在农村发展产业经

济，需要有榜样的示范和引领，在老百姓看到发展成效后，才会积极主动参与到产业发展之中。

凤庆县雪山镇新华村村民李树军，从 2000 年开始，依托退耕还林种植泡核桃，共种植 40 亩，2019 年收入 5 万元。在种植核桃之前，他主要种植玉米和蚕豆，年收入 6000 元左右。随着核桃产业的发展，李树军于 2010 年 5 月 27 日发起成立了凤庆县雪山镇裕源核桃种植专业合作社，主要业务范围：核桃、魔芋种植、收购、销售；技术咨询服务；经济林木、花卉生产销售；水果制品（干制品）加工、销售。

通过几年的探索发展，合作社取得了较好成绩，基地标准化建设得到加强，社会扶贫帮扶方式不断创新完善，合作社收益逐年增长，社员收入稳定增长。截至 2019 年，合作社的社员从成立之初的 8 人增加至 159 人；基地由 100 亩增加至 4258 亩；厂房由 200 平方米增加至 2200 平方米；加工设备由 6 台增加至 40 台，并新增新型核桃加工设备；为群众创造的就业岗位由原来的每年 100 多人次增加至 1800 多人次；销售额由原来的每年 30 万元增加至 800 多万元；社员收入每年净增长 20 多万元。2012 年，合作社被云南省供销社、省财政厅、省林业厅认定为省级示范社。2018 年，凤庆县雪山镇核桃基地被国家林业局认定为全国第三批国家级核桃示范基地。近年来，合作社主要做了如下工作。

一是突出党建引领，在合作社中成立党支部，为充分发挥党员示范带动作用，把社员中的党员培养成为技术能人，创建党员种植核桃示范基地，让合作社更加充满生机和活力，全面增强了组织的凝聚力、感召力、向心力。

二是注重农户参与，在基地标准化上下功夫。合作社把会技术、懂管理、有思路的农民组织起来，由党员、返乡青年、贫困农户、非贫困农户组成，每年提供就业岗位 1865 人次，支付劳务费用 167000 元。合作社注重核桃基地标准化建设，巩固核桃传统产业，不断探索和提升核桃产业附加值，合作社共有核桃种植标准基地 4258 亩，其中，至 2019 年有机核桃标准基地认证 2150 亩，古核桃挂牌保护 2850 株。建设核桃加工标准厂房 1 间，厂房面积 2200 平方米（占地面积 3380 平方米），年加工烘烤核桃果生产能力 600 吨，加工核桃仁 100 吨。合作社注重核桃提质增效，每年组织社员对基地核桃进行统一涂白、修剪、施肥、杀虫等管护，统一核桃果下树时间，保证了核桃果实质量。合作社通过价格机制、竞争机制、惩处机制的建立健全和完善，实现了分批收购、分批烘烤、分批分拣、统一仓储、统一加工、统一包装、统一销售的模式，让社员真正认识到基地标准化的重要性和必要性。

标准体系的建成，大大提高了本地核桃的质量，提高了市场竞争力，提高了核桃产品的价格。合作社收购社员的鲜核桃价格每公斤高于市场价格 0.8 元左右，合作社销售的干核桃价格每公斤高于市场价格 3—5 元。社员每吨核桃可实现增收 4000 元左右。2018 年，雪山镇核桃基地被认定为全国第三批国家级核桃示范基地，合作社被认定为建设主体。

三是打造自主品牌，在产品包装上市上下功夫。合作社于 2012 年注册自主品牌"果脑"，2016 年办理了食品生产许可证（SC），对产品进行了有机食品认证，严格产品质量管控，确保产品质量达标，统一组织产品进入市场销售。合作社的核桃果礼盒装 1688 克"雪山古核桃"和 100 克核桃仁袋装已进驻凤庆和云县的超市，部分有机原味核桃已在有机超市、俱乐部等高端平台销售。合作社加入了云南核桃加工与流通协会，先后参加凤庆红茶节、云南坚果博览会、北京农产品展、上海农产品博览会、缅甸仰光百年商会会庆等活动。"果脑"品牌推介从本地走向了国外，品牌效应更加明显，消费者的认可度不断提高，产品销售市场份额逐年增加。

四是强化电商物流，在拓宽销售管道上下功夫。合作社在 1688 平台诚信通注册了自己的网站，增设了核桃批发的管道；2017 年成立了合作社电商服务平台，在淘宝网上注册了"云南果脑铺子"，开始运营互联网销售（零售）。2019 年合作社与中国邮政、圆通快递、顺丰快递合作，开通了邮政揽投站，增加了圆通、顺丰快递收发点，降低了销售成本，发货方便、快捷，销售管道不断拓展。截至 2019 年 10 月，已通过电商物流平台销售核桃 56 吨，销售金额达 160 多万元。

五是做实社会扶贫，在爱心帮扶、爱心救助上下功夫。合作社积极参加社会扶贫，2017 年合作社举办雪山首届"核桃节"，从销售核桃利润中捐出 6000 元现金，对雪山中心校进行了教育捐赠；2017 年 11 月，凤庆县工信局推荐合作社参与昆明到北京的"临沧号"列车活动，对雪山"果脑"核桃进行宣传推介，合作社将销售核桃利润捐出 5000 元现金，对新化村贫困学生进行了救助帮扶；在 2018 年"10.17"扶贫日发起了"吃一核长一智，献份爱聚份情"的古核桃爱心义卖活动，将核桃果礼盒装 1688 克"雪山古核桃"列入活动产品，每盒定价 98 元，每销售一盒提取 10 元作为社会扶贫爱心资金，共筹集爱心义卖资金 6800 元，对雪山镇在脱贫攻坚路工作中表现出色的 50 名优秀贫困妇女进行爱心救助，充分调动了脱贫攻坚中妇女的积极性、主动性，更加坚定她们战胜贫困的信心、致富的决心，让妇女能顶半边天的作用发挥得更加明显。

凤庆县诗礼乡古墨村村民李文光，家里有种植泡核桃的传统，从他爷爷开始就种植泡核桃，但形不成规模。国家实施退耕还林后，家里的地全部种上了泡核桃，共计20亩（承包地10亩，其他山地10亩），他家核桃主要在网上销售，每市斤15元，2018年核桃收入6万多元。据他介绍，种核桃之前的地，收入还不到现在1亩核桃地收入（2000多元）。通过发展绿色产业，生态环境好起来，他家搞起了农家乐，每年的营业额达20多万元，日子越过越红火。

凤庆县鲁史镇金鸡村阿世昌一家种核桃20亩，2013年核桃收入达17万元，近年核桃市场低迷，2019年也有5万多元的收入。核桃价格虽不高，但比起他家种苞谷时的收入翻了好几倍。当时他家20亩地种苞谷，收获苞谷近2万斤（属于产量比较高的地方），每斤0.4元，也只是8000元不到的收入。

2. 企业引路，规模化发展

沧源县碧丽源（云南）茶业有限公司，在茶叶产业发展中，充分发挥了示范引领的作用，带领当地老百姓发展茶叶产业，实现了企业自身发展，更重要的是，在茶叶产业发展过程中，老百姓发展产业的积极性培养起来了，内生动力也被启动了。

碧丽源（云南）茶业有限公司是"广东顺德碧丽源茶业股份有限公司"的独立子公司，成立于2006年

12 月，注册资金 1050 万元。碧丽源（云南）茶业有限公司在 2007 年林权改制之际，按土地流转程序获得沧源县芒摆村约 15000 亩土地 70 年使用权，并投资将其开发为全程清洁化高山有机茶园（碧丽源芒摆有机庄园），这是目前国内面积最大的连片有机茶园。2017 年获得国家有机茶种植标准化示范区称号。

公司有两个茶园，一个是芒摆有机茶园，种植面积 15000 亩。有机茶园管理农户有近 400 户、1200 人。其中芒摆村茶园管理户 287 户、1094 人（建档立卡贫困户 190 户、741 人），各乡镇移居农户 110 户、460 人。另一个是岩帅镇东勐村来隆茶场茶园，种植面积 3500 亩，共 127 户、427 人，其中建档立卡贫困户 34 户、113 人。间接带动东勐村茶农 384 户、1254 人。在不断坚持培训、坚持标准的背景下，来隆茶园于 2020 年获得雨林联盟小农认证（来隆）。

公司已建成投产，拥有初、精制加工厂 4 个，年产能 3500 吨，并推进年产 5000 吨精制拼配茶加工厂的建设。公司资质：其一，中国、欧盟、美国、日本有机茶园种植、生产、销售管理认证。其二，通过国际茶叶道德联盟（ETP）的第三方评估，成为"改善茶叶生产者的生活与环境"中国项目支持企业。其三，中国首个引入国际"雨林联盟"可持续农业标准的茶叶生产企业，并于 2012 年成为中国首家获证企业。其四，通过 ISO9001 质量管理体系认证及 ISO22000 食品安全管理体系认证。公司根植沧源，实行全产业链经营，从茶叶种植到生产加工，实行全程管理。在产品质量上，对标市场的高标准准入要求，导入或建立各项标准，从种植开始，进行产品的全程质量控制。

公司与茶农建立有机生产合作社，将村民分散的土地使用权以入股的形式集中到企业，以"土地入股、劳力入股"的合作方式，以"公司所有、分户承包"的管理模式与公司进行有机茶叶种植与生产加工，实现茶叶生产的产业化发展。为全面打赢脱贫攻坚战，公司一直以来都把茶农的利益放在第一位，努力探索农民增收路子，把传统产业升级作为提升贫困群众造血功能、加快脱贫致富步伐的有力抓手，积极按照"一村一品"和"产业富村、科技兴村、企业带村、生态建村、人才强村，优化发展环境稳步增加农民收入"的发展思路，加快传统农业向现代农业转型，有效推动了芒摆村脱贫攻坚步伐，实现了集体增收、企业增效、群众脱贫的目标。转让土地使用权的农民有六方面收益：一是地租；二是茶园管理费；三是茶园投产后的采摘费；四是茶园中的各种套种收入；五是鼓励和扶持茶农进行其他养殖收入；六是年终进行考核奖励。

通过农村土地的集中规模流转，大大提高了土地的有效利用率和单位产出率，增加了农民群众收入。在沧源县的积极引导和大力推动下，农户以集体的名义依法将林分质量差、产出效益低的低价值林地，成片、连片流转给企业。公司结合实际选择产业，负责引进先进超前的产业发展理念，运用新的生产经营管理方式，开发建设茶园，瞬间将万亩荒山荒地变成了万亩有机优质高效茶园，将资源劣势变成了资源优势，并转化成为经济效益。同时加大复种指数，大大提高了土地的有效利用率和单位产出率。

通过现代农业经营活动的示范、参与和培训，使当地群众逐步转变了生产生活方式，从传统农业生产中解放了出来。芒摆村又毗邻缅甸，群众受教育程度低，少数地区还延续着刀耕火种的原始耕作方式，许多农村妇女还自己纺线织布，村民基本上保留着佤族古老的生产生活方式和传统习俗。公司进驻后，通过碧丽源有机庄园茶园种植管理示范、吸引当地群众参与茶园种植管理和适时组织当地群众及茶农种植管理加工培训，使当地群众和茶农逐步掌握了生态有机茶园的种、养、采技术，逐步改变了原始的耕作方式，提高了劳动效率。通过给他们教授一些生产技能和卫生知识，当地群众和茶农逐步从传统农业生产方式中解放了出来，为提升城乡人居环境做出了表率。

通过企业的积极投入和社会责任的履行，农村的基础设施、群众的生产生活条件得到了较大改善。公司进驻沧源县芒摆村以来，沧源县以企业和村组为平台，通过整合农业综合开发、农村安全人饮、标准化茶园建设等若干项目，加上企业的积极投入和社会责任的充分履行，逐步完成了庄园及周边区域道路、水利、电力、人畜饮水、网络通信等基础设施建设，切实提升了当地农民的人居环境，改善了广大农民群众的生产生活条件。

通过企业的带动，加快了脱贫攻坚步伐。自脱贫攻坚战打响以来，公司把当地茶农和周边群众的脱贫致富作为主要社会责任，坚持"开放式扶贫，造血式扶贫，以及物质精神双扶贫"的理念，加大扶贫帮扶力度，努力拓宽贫困群众增收管道。目前，公司和芒摆村结成了"万企帮万村"帮扶对子，通过采取多种措施，加大投入，开展培训，最终实现了"以林荫茶，以茶养山，以山养人，人与自然和谐发展"的目标，农民的收入也得到了明显提高，有力地助推了全县脱贫攻坚工作。2006年公司开始组织村民根植沧源县芒摆村开荒种茶。在芒摆村1.5万亩荒山荒地上，导入有机农业种植标准和"雨林联盟"国际可持续农业标准，把芒摆村村民组织起来，建立"芒摆茶农之家"，进行有机茶种植技术和国际可持续农业标准培训，以及基本环保常识和基本卫生常识培训。同时，公司在沧源县岩帅传统茶区，以种植技术培训和标准原料收购的方法，引导茶农以更安全健康的生产方式种茶，致力于在茶园建立有害生物与有益生物之间的种群平衡，以生态保护生态，敬畏自然，保护好青山绿水。

推动了全县产业发展和生态文明建设的深度融合。严格按照有机要求全程清洁化生产，产品标明产地，建立可追溯体系，从标准上保证了产品的安全性，产品远销多个国家和地区，确保了企业的市场竞争力，实现了产业发展和生态建设的深度融合。公司以敬畏自然的心开始在这里开垦梯田种茶。在开荒种茶过程中，大树留桩、小树留根、梗边留草、台面人工锄草、间种绿肥、坚持不用农药化肥、不用化学除草剂、保护生态走廊、建立自然隔离带、保护水土、保护山上的野生动物、处理茶园里的生活污水，培训茶农茶园管理技能、基本环保知识和基本卫生常识等，带动村民有尊严地走出贫困。

（四）组织联动，做大产业

1. 整合资源推动产业

云县幸福镇，地处临沧市中部、云县西南部，共有 15400 户、4.6 万人。全镇共有 20 多个少数民族，少数民族占总人口的 56.28%，主体民族为彝族、傣族、拉祜族等。国土总面积为 613.78 平方公里，耕地面积为 11.5 万亩，其中水田 1.5 万亩，旱地 10 万亩；森林面积为 3.4 万公顷，森林覆盖率为 51.29%。

幸福镇慢遮村咖啡种植专业合作社社长介绍了其发展经验。幸福镇虽然地域广阔，自然条件非常适宜发展各类种植业，但是山高坡陡、农业基础设施落后，加之原来产业发展机制不够先进，导致土地利用率较低，群众增收难以保持稳定、高效。近年来，上级政府整合了国土、交通、林业、水利等部门的基础设施建设项目，使得我们的农业基础设施得到显著提升，比如，零星碎片的土地得到整理、水利灌溉面积得到扩大、生产道路得到延伸、水土流失问题得到解决。

图 4-2 石佛山"坚果+咖啡"模式

按照生态建设产业化、产业发展生态化的发展理念，上级引进了咖啡生产企业、坚果加工企业，指导该村成立了种植专业合作社，把分散在一家一户的土地实行"流转反包"模式，进行统一集约化经营：一是由生产企业向农户进行土地租赁，将租赁出的土地按照企业种植规划反包给农户进行种植，这样就形成了规模化、集约化种植的态势；二是在种植过程中，企业免费为农户提供种苗和种植技术方面的保障，消除了农户在种植技术方面存在的风险；三是在产出后又由该企业对产品进行定向回购，解决了销路问题，群众增收得到了保障。

在种植规划方面，采取的是"坚果＋咖啡"乔灌结合的立体种植模式，结合咖啡的喜阴特点，将咖啡套种到坚果树下，土地综合效益得到提升。原先，该区域主要以玉米种植为主，亩产值600—700元，且水土流失严重、种植难度较大。在目前的发展模式下，进入丰产期后，咖啡亩产鲜果2吨，按照鲜果每吨2500元，亩产值5000元；坚果亩产0.33吨，按照干果每公斤30元，亩产值9900元；"坚果＋咖啡"种植模式亩产值达14900元。目前，"坚果＋咖啡"种植模式不仅每亩可比玉米种植增收20倍以上，而且实现了经济效益和生态效益双赢的目标。

2013年临沧提出在南汀河沿线打造10个生态农业

园，目的是进行产业结构调整、提高土地产出率，石佛山就是这 10 个生态农业园之一。石佛山高原生态农业园共涉及幸福、慢遮、邦挖、哨山四个村委会，共有农户 1968 户、8000 多人，该项目区土地面积为 21770 亩。园区于 2011 年 8 月启动建设。云县幸福镇石佛山高原生态农业园建设以工业的组织化理念为引领，走出一条土地得到规模集约经营、项目得到有效整合、产业由龙头企业带动、经济和生态效益实现双赢的生态农业产业发展路子。

一是项目＋项目，整合资源强基础。云县幸福镇石佛山高原生态农业园建设以水利部门的小流域坡耕地水土流失治理项目为依托，相继整合实施了国土部门的土地开发整理、交通部门的道路建设、林业部门的陡坡地治理、水利部门的高效节水等项目，累计建成混凝土主干道路 38.1 公里、生产道路 36.2 公里，沟渠 27.3 公里、完成土地整理 10160 亩、水窖 340 口。有效整合了部门项目和资金，实现产业建设的基础设施有效配套。项目实施以来，累计完成投资 5956.2 万元（产业投资 1330 万元，基础设施投资 4626.2 万元）。

二是产业＋产业，立体农业促发展。按照生态建设产业化、产业发展生态化的总体要求，云县幸福镇石佛山高原生态农业园建设充分发挥土地和气候资源优势（分海拔布局产业：1000 米以下是高优蔗园，1000—1300 米是"坚果＋咖啡"，1300—1600 米种植杉木和速生丰产林，1600 米以上种植核桃、茶叶、魔芋），同时引进咖啡公司，成立咖啡种植专业合作社，把分散在一家一户的土地实行流转反包统一集约经营（地租 15 元每亩，提供种苗、技术，后面收购），采取"坚果＋咖啡"长短结合的立体种植模式，有效提高土地产出率。在龙头企业带动下，实现了产业基地建设组织化，确保了产业发展的稳定性，保障了种植农户稳定增收。

三是效益＋效益，创新模式促增收。项目区乔灌结合、长短结合的"坚果＋咖啡"基地进入丰产期后，"坚果＋咖啡"3650 亩。产业结构调整前，该园区主要以玉米种植为主，亩产值 600—700 元，且水土流失严重。

通过项目的实施，园区水土流失得到治理，生态得到改善，土地综合效益得到提升，产业得到优化升级，农民收入得到提高，通过该产业园建设的示范带动，全镇共发展坚果 9.6 万亩、咖啡 2 万亩、核桃 13.2 万亩、茶叶 1 万亩。

2. 创新经济发展模式，形成产业规模效应

耿马县积极探索新型产业发展模式，通过组织农

民将甘蔗生产土地入股经营，产生了巨大的产业规模效应，实现了甘蔗产业的规模化、集约化、机械化生产，进一步提高了耿马县甘蔗产业的综合竞争能力，实现了人民群众持续稳定增收。

耿马县在推进以甘蔗全产业链建设为核心的"一县一业"跨越发展中，积极探索土地集约化经营新模式——"乡情"模式。2018年探索建成"乡情"甘蔗种植专业合作社，成员覆盖耿马镇允捧村大寨、小寨两个村民小组173户、690人，土地入股农户占73%，共整合土地668宗、500亩；2019年复制及推广，带动了耿马镇弄巴班康组农业合作社等3个甘蔗种植专业合作社，整合土地2000余亩，惠及农户264户、1120人；2020年全县各植蔗乡镇新增1个土地入股种蔗合作社，目前共完成新增土地入股种蔗合作社7个，累计达10个合作社，面积7100亩，涉及1500户、6500余人。加入合作社进行集中集约经营，实现了机种、机管、机收全程机械化作业，每亩土地收入比散户种植提高800元以上。

主要做法一是探索培育新型经营主体。以土地入股为基础成立专业合作社，土地入股后，群众不再负责任何投入，合作社成员优先到合作社务工获得劳动收益，每年按照入股土地面积进行保底收入及超产分成。这一新方法，有效解决了土地经营小、散、弱的问题。二是科学管理释放活力。方法一：入股的土地采取保底及超产分成的办法进行管理，合作社经营班子负责完全投资（成本支出经 3 名合作社经营班子成员签字并公示认可后再计入成本），最大限度实现了合作社成员与合作社经营班子责权益高度统一，既稳定了甘蔗原料基地，又促进了群众持续增收。方法二：在总收入中提取一定的管理费保障合作社运转，利润部分按照土地入股面积量化分配到户。三是充分发挥龙头企业带动作用。采取"公司＋合作社＋农户"运作模式，合作社与制糖龙头企业签订扶持、收购合同，龙头企业与农民通过合作社为载体实现利益联结。四是整合资源集中打造。目前，有 10 个甘蔗专业合作社采取土地入股，规模化、标准化、机械化、良种化、集约化"五化"＋"合作社"的生产经营模式，整合土地 7100 亩，涉及蔗农 1500 户、6500 人；全县有大中型耕作设备 521 台，微耕机 5000 台，自主研发甘蔗种植机 103 台，累计推广种植面积 3 万余亩；自主研发甘蔗盖膜机 27 台；引进甘蔗联合收割机 9 台，计划完成收割 30000 吨，因疫情影响完成了 10000 吨；完成智能无人机病虫害飞防 35 万亩次，作业期日投入智能无人机 200 架次。

主要经验：一是成功探索了土地适度规模经营新模式。土地集中集约经营，实现了全程机械化，补齐了产业发展中劳动力匮乏的短板,为现代农业基地建设树立了样板。二是探索了培育新型经营主体新方法。采取土地入股、保底收入、超产分成的方式,探索"公司＋合作社＋农户"集中集约经营、全程机械化耕作管理,降低了生产成本,实现了节本增效。三是集中展示、引领基地建设新跨越。引进新品种和新技术,按照"五化"要求连片种植,成功打造全程机械化示范园、甘蔗良种扩繁示范基地。土地集中集约经营模式复制推广,将引领基地建设现代化,促进"一县一业"发展新跨越。

2019年,全县甘蔗种植面积达40余万亩,覆盖2.3万户、12万人,实现综合产值60亿元以上,蔗农人均纯收入5227元,为农民脱贫致富和地方经济发展做出了重要贡献。

43岁的陶军是耿马自治县贺派乡芒抗村村民,全家有4口人。2016年以前,家庭主要经济来源为陶军在深圳打工每月两三千元的收入,勉强维持生活。2016年,耿马自治县持续加大甘蔗产业扶持力度,并根据蔗农实际需要调整和完善扶持政策。在县委、县政府的鼓励、引导和扶持下,陶军返乡,承包种植了50亩甘蔗,产量250多吨,家庭纯收入近6万元。此后,陶军逐年扩大甘蔗种植面积,目前已扩种至100余亩,产量500多吨,年家庭纯收入超过10万元。通过种植甘蔗,陶军盖起了新房，购买了一辆小轿车，过上了好日子。

耿马自治县贺派乡芒抗村村民俸建忠，全家6口人共承包种植甘蔗600余亩，并通过实行药、膜、肥一体化等科技措施，每年入榨量3000余吨，仅甘蔗毛收入就有近130万元，家庭纯收入近60万元。通过种植甘蔗，俸建忠走上了致富之路，家庭仅轿车就有三辆，日子过得有滋有味，像蔗糖一样甜蜜。

俸老五是耿马镇允捧村坝卡老寨组村民，2014年识别为建档立卡户，全家4口人，收入主要以种植玉米及养猪为主。种植甘蔗2亩，年产量7吨，甘蔗收入2600元。近几年来，通过政府、制糖龙头企业实施的糖料基地建设，有偿、无偿扶持，"甜蜜贷"，良种良法、科学技术推广及系列脱贫攻坚支农惠农政策，俸老五一家发展种植甘蔗。2016年甘蔗产量39吨，收入17000元，人均甘蔗收入4200元。2020年甘蔗产量104吨，其中入榨90吨，收入38700元，种苗14吨，收入6300元，合计甘蔗收入45000元，人均甘蔗收入11250元，实现了产业扶贫、产业脱贫。

罗红军是耿马镇芒国村甘蔗种植大户，1998年来耿马县务工，2005年起在耿马县租地种植甘蔗200亩，入榨甘蔗1000吨，实现收入30万元；2010年甘蔗种植面积发展到2200亩，入榨甘蔗11000吨，收入440万元，开始带动周边20多户群众专业种植甘蔗；2018

年牵头成立了劳务公司，榨季吸收劳务用工 700 人，其中缅籍工人 600 人，砍蔗 68000 吨，实现劳务收入 800 万元。2019/2020 榨季带动 34 户、170 人专业种植甘蔗，累计种植面积达 4200 亩，实现甘蔗产量 25500 吨，甘蔗收入达 1119 万元。经过 15 年的发展，带领 34 户、170 人专业种植甘蔗，有甘蔗运输车 9 辆、废液运输车 9 辆、甘蔗上车机 5 台、大拖拉机 1 辆、摩托车 41 辆、微型车及小型车 25 辆，为专业化发展甘蔗生产树立了典型。

（五）依靠科技，做强产业

1. 加强产业科技支撑体系建设

临沧市高度重视科技创新在产业发展中的积极作用，一方面积极引进国内外相关产业的先进技术和设备，吸引和引进高端科技人才和管理人才。另一方面加强临沧本土的产业科技支撑体系建设，培育自己的科技人才队伍，临沧市林业科学院就是产业科技支撑体系建设的典型。

临沧市林业科学院前身为临沧市林业科学研究所，成立于 1979 年，于 2015 年和 2017 年先后分别合署成立兼挂"临沧市林业技术推广总站"和"临沧市坚果科学技术研究院"两块牌子，是临沧市从事林业和草

图 4 - 3　临沧市林业科学院

图 4 - 4　2018 年国际澳洲坚果大会

原科技综合性研究及推广职能的副处级国家事业单位，行政主管部门为临沧市林业和草原局。2013 年 5 月在本院挂牌设立了"云南省林业科学院临沧分院"。全院内设办公室、规划财务室、林业和草原科学实验室、临沧坚果研究所、核桃研究所、林业和草原科学研究所、对外联络工作站 7 个机构。院内有专业技术人员 85 人，外联知名专家 12 人，与市内县（区）共培共享专业骨干 48 人。

现在临沧市林业科学院在科技创新平台建设方面，共建成 7 个科技创新平台，其中国家级重点实验室 1 个（国家坚果类检测重点实验室），院所合作创业平台 1 个（中国热带农业科学院），林业科技研发国际合作中心 1 个（国际临沧坚果研发中心），综合型林业科研基地 4 个（临沧花果山林业科研及示范园区、临翔区蚂蚁堆乡热区林业科研及示范基地、云县头道水核桃标准化高产高效栽培示范区、永德县临沧坚果科研及示范万亩园区）。建成院内科研创新及成果推广团队 5 个，即用材林、临沧核桃、临沧坚果、林下经济、林业科学实验室团队。承担着科技支撑全市林业和草原发展的全局性、关键性、战略性、引领性的重要工作任务。

临沧市林业科学院成立 40 年来，特别是"十五"以来，为临沧科技兴林，尤其是科技创新推动临沧核桃、临沧坚果、用材林、林业种苗、林下经济五大产业的发展作出了重要贡献。通过不断推进林业科技进步和创新，大力推广林业科技成果应用示范，林业科研创新及应用示范十项成果成为推动全市林业跨越发展的重要引擎。

一是在核桃产业方面，"云南核桃全产业链关键技术创新与应用""核桃优势高产高效栽培技术研究""泡核桃良种选育"三项核桃技术，培育出了品种优良化集中表现为大果、多果、饱果加工专用型的"临宝核桃良种"，制定了核桃成活率、成长率、挂果率"三率"技术标准及操作规范，总结出了"临沧市核桃提质增效十大科技措施"，解决了临沧核桃产业发展中普遍存在的管理粗放，产量、质量、效益低的问题。二是坚果产业方面，"临沧坚果良种优质苗培育技术及标准产化丰产栽培科技项目""探索研究配制坚果类专用生物有机肥""坚果及其林下作物栽培科研"三项技术，建成了耿马勐简临沧坚果良种优质苗圃和勐简、镇康南伞两个万亩良种标准化栽培示范区，研制出适宜临沧坚果类促生长、增产果的专用生物有机肥配方，设定产量结构的"大主杆、灯台式、圆台体"整形修剪技术等。在生态环境修复方面，有"河道流域生态修复及可持续发展科技创新示范""城市森林公园建设科技创新"两项成果，探索出南汀河流域生态屏障建设及农林可持续发展模式和城市森林公园建设方面的科技创新。在林业草原业方面，有"工业原料林良种高效栽培科技创新""天然林下草果丰产栽培科技创新"两项成果，探索出了以高产纸浆思茅松原料林和西南桦无性系单板用材林为主的工业原料林高效栽培技术，探索出了临沧市发展天然林下经济的高效栽培管理技术模式。

2. 强化科技转化，完善产品产业链，增加产品附加值

临沧坚果产业作为临沧最后脱贫攻坚、人民长期持续增收的产业，产品科技研发才刚刚起步。坚果产业是临沧未来的朝阳产业，要积极发挥科技助推产业发展的作用，强化科技转化，加强对主产物的加工，重视对附产物的开发，完善产品产业链，增加产品附加值。

一是创新精深加工技术。通过技术创新和管理创新，加速培育发展新的产业，尤其是以农产品为原料的加工产业。成立临沧坚果深加工工程技术研究中心，联合国内外相关大专院校、科研院所成立临沧坚果精深加工工程技术研究中心。致力于临沧坚果产业化发展中的重大关键技术进行开发研究。重点围绕果品贮藏、功能性产品创新、坚果资源综合利用与深加工等

产业化方面的问题研究。

二是开发精深加工产品。在现有深加工的基础上，充分挖掘临沧坚果的食用价值和营养价值，提升其市场价值。鼓励企业坚持原始创新、集成创新、引进消化吸收再创新紧密结合，发展模式由外延扩张型向内涵增进型转变，灵活调整坚果产品加工项目。重点解决坚果产品保鲜、精加工等关键技术和共性技术，推动行业精深加工技术水平的突破性提升。

三是加工副产物综合利用。采用临沧坚果副产物综合利用技术对加工副产物进行功能成分提取、资源生物转化等方式进行产品开发，延伸产业链，实现临沧坚果副产物的综合利用与规模化开发。引进大企业，建立技术集约型加工模式并进行示范，全面提升临沧坚果副产物综合利用的创新能力和技术水平，促进临沧坚果产业可持续发展。临沧坚果的果壳可以用于制作摩擦剂、涂料、金属抛竿料、刹车片、木质树胶等产品。临沧坚果的花可制成花蜜、精油等产品；临沧坚果的青皮富含熊果苷、单宁酸等物质，适宜用于制作护肤品，可以朝美容和保健品的方向做深度研发；临沧坚果富含不饱和脂肪酸，作为保健品也有很好的研发前景。单一的临沧坚果产品已不能满足人们日益增长的需要，多层次、新形式、高标准的深加工是临沧坚果产业发展的必然趋势。

（六）绿水青山就是金山银山

临沧97.5%的国土面积是山区，山区、半山区人口占总人口的85%。但临沧的山是绿色的山、希望的山。临沧"靠山吃山"，依托产业发展，实现生态修复，把希望之山建成绿水青山，变成金山银山。临翔区区长魏丛柱，向笔者提供了南汀河流域如何念好山水经，如何做活林文章，如何实现"发展产业就是修复生态"的故事。

图4-5 南汀河风光

南汀河是临沧的母亲河，发源于临翔区博尚镇户有村，属怒江水系的一级支流，是一条出境国际河流，在临沧境内全长 272.9 公里，流经临翔、云县、永德、镇康、耿马、沧源 6 个县（区）32 个乡（镇、办事处）277 个行政村，出境后进入缅甸汇入萨尔温江（怒江），平均径流量 67.69 亿立方米，流域总面积 8145.8 平方公里。改革开放初期，南汀河沿线一度被刀耕火种成大面积的甘蔗种植区和粮食生产区，生态遭到破坏。进入 21 世纪尤其是党的十八大以来，南汀河流域生态修复提上临沧市委、市政府的日程，临翔区作为南汀河发源地和主要径流区，修复难度是空前的。当时，临翔区委、区政府就提出了既要绿水青山也要金山银山的总思路，坚决把习近平总书记关于生态保护的指示落到实处。通过群策群力，临翔终于找到了守住绿水青山与培育金山银山的最佳契合点。区委、区政府按照市委、市政府的部署，决定实施南汀河流域"修复生态、兴旺产业"工程，基本原则就是流域两岸全面绿化，宜封则封、宜林则林、宜果则果、宜草则草，布局实施南汀河流域"三万"——万元山、万元田、万元人工程和"三带"——苗木产业带、生态景观带、林果产品交易带建设，全面提升生态效益、经济效益和社会效益。其中，果就是清一色发展临沧坚果（流域低海拔地区）、核桃（流域高海拔地区）。十余年来，南汀河流域流经的临沧各县（区）累计种植临沧坚果总面积约 80 万亩，2019 年产量 1.5 万吨，产值 2.1 亿元。其中南汀河流域临翔段种植 5.02 万亩，2019 年产量约 1280 吨，产值 1792 万元。截至 2020 年，南汀河流域苗木产业带在原有 690 万亩森林和 120 万亩林产业基地的基础上，将新增 300 万亩。其中临沧坚果基地 150 万亩，速生丰产林与珍贵用材林混交基地 100 万亩，核桃基地 40 万亩，苗木基地 10 万亩。林果交易带已建成博尚泛华木材加工产品交易中心，蚂蚁堆核桃交易中心，幸福苗木交易中心，大雪山坚果、咖啡交易中心，孟定橡胶、景观苗木交易中心 5 个林产品交易中心。生态景观带以自然保护区、生态公益林建设为主，规划植树造林 31 万株，采取封山育林、封山护林、恢复原始森林植被等措施，修复生态功能、重现自然景观。

临沧的主要做法可以概括为：政府引导做规划，发动群众抓落地，久久为功做产业。实践充分证明，像临沧这样的边疆民族贫困地区，在党和政府的富民政策引导下，只要因地制宜地实干、苦干、巧干，就一定能走出一条符合实际的小康之路，成为农业优、农村美、农民富的地区。

临沧的实践还充分证明，"绿水青山就是金山银山"的理念，已经深入人心，已经落地生根，在边疆民族地区不断呈现出人与自然和谐共生的生动华章。

五 中国智慧的临沧经验

（一）必须把以人民为中心的发展思想写在政府的旗帜上

邓小平指出，人民拥护不拥护、人民赞成不赞成、人民高兴不高兴、人民答应不答应，是全党想事情、做工作对不对好不好的基本尺度。习近平总书记指出："人民对美好生活的向往，就是我们的奋斗目标。"[①]党的十九大报告指出，必须坚持以人民为中心的发展思想，不断促进人的全面发展、全体人民共同富裕。坚持以人民为中心是马克思主义唯物史观的必然要求，更是中国共产党人不忘初心、牢记使命的鲜明表达。[②]

① 习近平：《人民对美好生活的向往，就是我们的奋斗目标》（2012年11月15日），《十八大以来重要文献选编》上，中央文献出版社2014年版，第70页。

② 郭广银：《全面把握以人民为中心的发展思想》，《光明日报》2018年4月2日第11版。

以人民为中心的发展思想是对中国特色社会主义建设过程中经济社会发展的根本目的、动力、趋向的科学回答，发展的目的是为了人民，发展的动力是依靠人民，发展的趋向是发展成果由人民共享，逐步实现共同富裕。[①] 坚持以人民为中心是习近平新时代中国特色社会主义思想的重要组成部分，具有深刻内涵，为各级党委和政府履行全心全意为人民服务的宗旨，确定了目标、指明了方向，提出了方法。

临沧作为边疆民族贫困地区，中华人民共和国成立前，长期处于原始社会末期和封建社会初期，社会发育程度较低。中华人民共和国成立后，在中国共产党的领导下，各级人民政府始终把解决人民的温饱问题作为第一要务。从 20 世纪 50 年代到 70 年代末，基本解决了绝大多数人口的吃饭问题。改革开放后，迅速规划发展经济，用了二十年的时间，人民群众生产生活得到了较大跃升。然而，发展不平衡、发展不充分的矛盾仍比较突出。

进入 21 世纪，特别是党的十八大以来，在党中央集中统一领导下，各级政府制定了一系列行之有效的政策措施，动员全社会展开了规模空前的脱贫攻坚战，紧紧围绕"两不愁，三保障"的底线，全面、系统地

[①] 汪信砚：《深入理解以人民为中心的发展思想》，《人民日报》2017 年 11 月 24 日第 7 版。

解决贫困问题。临沧在这个阶段，举全市之力，严格实行"挂、包、帮"的工作制度，直接驻村帮扶干部的人数达 20000 多人，所投入的人力、物力、财力创历史之最。从临沧的做法来看，只要是为人民负责的政府，只要是为人民服务的政府，只要是依靠人民的政府，就没有克服不了的困难，就没有实现不了的目标，临沧如期脱贫就是最有力的例证。

（二）必须坚持实事求是基本原则，持续推进产业发展

习近平总书记指出，马克思主义的创始人马克思、恩格斯虽然没有直接用过"实事求是"这个词，但马克思主义突出强调的就是实事求是。[①] 1938 年毛泽东在《中国共产党在民族战争中的地位》一文中说："共产党员应是实事求是的模范，又是具有远见卓识的模范。因为只有实事求是，才能完成确定的任务；只有远见卓识，才能不失前进的方向。"1941 年毛泽东在《改造我们的学习》一文中，对实事求是作了精辟的概括，他指出："'实事'就是客观存在着的一切事物，'是'就是客观事物的内部联系，即规律性，'求'就是我们去研

---

① 《什么是实事求是》，《学习时报》2018 年 12 月 3 日第 8 版。

究。"① 邓小平同志说："在中国建设社会主义这样的事，马克思的本本上找不出来，列宁的本本上也找不出来，每个国家都有自己的情况，各自的经历也不同，所以要独立思考。"② 邓小平还指出："过去我们搞革命所取得的一切胜利，是靠实事求是；现在我们要实现四个现代化，同样要靠实事求是。"③ 可见，从马克思、恩格斯到毛泽东，从邓小平到习近平，无论是革命战争年代，还是社会主义现代化建设时期，抑或是中国特色社会主义新时代，实事求是都是一以贯之，不能动摇的。

习近平总书记指出，实事求是作为党的思想路线，它始终是马克思主义中国化理论成果的精髓和灵魂，永远是中国共产党人应该遵循的思想方法。我们党一贯提倡"做老实人、说老实话、干老实事"，强调"谋事要实、创业要实、做人要实"。习近平总书记对坚持实事求是的思想路线作了进一步阐述，基本要求是做到"三个坚持"，即坚持一切从实际出发，坚持理论联系实际，坚持在实践中检验和发展真理。这为边疆民族地区如何坚持实事求是思想路线，推进产业发展、脱贫致富，明确了方向和方法。

临沧是边疆，临沧是山区，临沧劳动者素质不高，

---

① 《毛泽东选集》第三卷，人民出版社1991年版，第801页。
② 《邓小平文选》第三卷，人民出版社1993年版，第260页。
③ 《邓小平文选》第二卷，人民出版社1994年版，第143页。

这是客观现实。临沧几十年的产业选择、产业发展，经历着对市情不断深化认识的进程，也就是对事物发展规律的深刻把握的进化过程。从甘蔗到茶叶，从茶叶到核桃，从核桃到坚果，就是遵循实事求是、因地制宜、因人而异的有力求证。

（三）必须坚持绿色协调可持续发展，不断巩固发展成果

绿色发展是建立在生态环境容量和资源承载力的约束条件下，将环境保护作为实现可持续发展重要支柱的一种新型发展模式，是以效率、和谐、持续为目标的经济增长和社会发展方式。2005 年 8 月 15 日，习近平总书记首次提出了"绿水青山就是金山银山"的科学论断，后来他又进一步阐述了绿水青山与金山银山之间三个发展阶段的关系。"绿水青山就是金山银山"，生态环境就是生产力、就是社会财富，凸显了生态环境在经济社会发展中的重要价值。"既要金山银山，又要绿水青山"，强调生态环境和经济社会发展相辅相成，要把生态环境和经济增长双赢作为科学发展的重要价值标准。"宁要绿水青山，不要金山银山"，强调绿水青山是比金山银山更基础、更宝贵的财富；当生态环境保护与经济社会发展产生冲突时，必须把

保护生态环境作为优先选择。

协调、可持续发展是社会问题，也是世界难题。纵观人类发展历史，以牺牲生态环境和资源摄取为代价，换取一时经济发展的例证很多，教训也是深刻的。所以，决不能走前人的老路，必须开创新路，必须用新发展理念统领一个地区的经济社会发展全局。

临沧是农业地区，农民是主体，脱贫是进程，目标就是全面小康。如何做到多个方面的有机统一，这是临沧人必须做好的功课。从几十年的发展看，政府一届接着一届干，从没有放弃四大支柱产业的不断优化，通过对甘蔗、茶叶、核桃、坚果的基地巩固，进而发展农业、加工业、手工业和民族文化产业，其进程是艰辛的，也是坚韧的。临沧的发展用最贴切的话语总结，那就是"绿水青山就是金山银山"。

（四）必须坚持科学技术的推广运用，不断提高劳动者素质

马克思曾指出，生产力中也包括科学。1988年9月，邓小平在会见捷克斯洛伐克总统萨克时，根据当代科学技术发展的趋势，提出了"科学技术是第一生产力"的论断。他同时指出："将来农业问题的出路，最终要由生物工程来解决，要靠尖端技术。对科学技

术的重要性要充分认识。科学技术方面的投入、农业方面的投入要注意，再一个就是教育方面。"[1] 社会生产力是人们改造自然的能力，作为人类认识自然、改造自然能力的自然科学，必然包括在社会生产力之中。科学技术一旦渗透和作用于生产过程中，为人民群众所掌握，便会成为现实的、直接的生产力。

任何一个地方的发展，都离不开科学技术的推广运用，临沧也不例外。在产业的发展和巩固进程中，通过对劳动者技能的实地培训，涌现出一大批种植能手、乡土人才，初级工、中级工、高级工分布在各个产业之间。他们是产业发展的主力军，也是整个脱贫攻坚的生力军，发挥着不可替代的支撑作用。这些人才就是通过产业培育，通过科学技术的深入推广而产生的，这种做法可以概括为，只要通过行之有效的训练，劳动者的素质是可以在实践中得到较快提高的。

（五）必须坚持人民主体地位，激发人民的内生动力

2015 年在中央扶贫开发工作会议上，习近平总书记强调，消除贫困、改善民生、逐步实现共同富裕，是社会主义的本质要求，是中国共产党的重要使命。

---

[1]　《邓小平文选》第三卷，人民出版社 1993 年版，第 275 页。

全面建成小康社会，是中国共产党对中国人民的庄严承诺。脱贫攻坚战的冲锋号已经吹响。立下愚公移山志，咬定目标、苦干实干，坚决打赢脱贫攻坚战，确保到 2020 年所有贫困地区和贫困人口一道迈入全面小康社会。①

脱贫攻坚的目标是全面建成小康社会，全面小康的实现不是敲锣打鼓就能实现的。全面小康为了人民，是人人共享的幸福社会；全面小康来自人民，是人民群众对美好生活的热切期盼；全面小康依靠人民，是亿万群众共同创造的事业。毛泽东同志指出："人民，只有人民，才是创造世界历史的动力。"② 习近平总书记强调："人民是历史的创造者，群众是真正的英雄。人民群众是我们力量的源泉。"③ 人民是推动发展的根本力量，尊重人民群众的首创精神，最大限度地激发人民群众的创造热情，就能战胜前进道路上一切风险挑战，建设中国特色社会主义的伟大实践就会不断从胜利走向新的胜利。

贫困的主体是群众，摆脱贫困也必然依靠群众。

---

① 习近平：《脱贫攻坚战冲锋号已经吹响　全党全国咬定目标苦干实干》，2015 年 11 月 28 日，新华网，http：//www. xinhuanet. com/politics/2015 - 11/28/c_ 1117292150. htm。

② 《毛泽东选集》第三卷，人民出版社 1991 年版，第 1031 页。

③ 习近平：《人民对美好生活的向往，就是我们的奋斗目标》(2012 年 11 月 15 日)，《十八大以来重要文献选编》上，中央文献出版社 2014 年版，第 70 页。

临沧通过宣传发动、制定政策、资金支持等措施，动员全社会共同参与，通过典型示范、企业带动、合作社联动，决胜全面建成小康社会，决战脱贫攻坚。最根本的办法就是发动群众、依靠群众、相信群众，从群众中来、到群众中去，最终变为依靠群众苦干、实干、巧干，自力更生奔小康的奋进凯歌。

余炳武，男，彝族，云南省社会科学界联合会党组成员，长期从事农村农业工作研究。曾担任沧源佤族自治县主官、云县主官、腾冲市主官。

李官，男，理学博士。云南省社会科学界联合会《学术探索》杂志副主编，编审，主要从事区域教育与边疆发展研究。

杨宝荣，男，法学博士。中国社会科学院西亚非洲研究所（中国非洲研究院）经济研究室主任，研究员，长期从事非洲经济发展研究。